우리 선생님은 참 재미있어요

우리 선생님은

참

재미있어요

조지 B. 이거 지음

김 지 원 옮김

우리 선생님은 참 재미있어요

값 5,000원

1995년 7월 10일 1판 1쇄 발행
2002년 2월 2일 1판 9쇄 발행

발행인 / 이충구
발행처 / 도서출판 청우
등록번호 / 제 8-63호
주소 · 경기도 고양시 일산구 장항동 573-28
전화 · 031-906-0011

＊ 잘못된 책은 바꾸어 드립니다.
ISBN 89-85580-14-0 03230

총판처 · 열린유통(전화 322-1050 FAX 322-1051)

『우리 선생님은 참 재미있어요』를
발간할 수 있도록 허락해 주신
하나님께 영광을 돌립니다.

WINNING CHILDREN TO CHRIST

by George B. Eager

Copyright © 1979 Mail Box Club Books.
404 Eager Road
Voldosta, Georgia 31602
All rights reserved.
1995/Korean by Chung Woo,
Seoul, Korea.

Translated and Published by Permission
Printed in Korea.

추 천 사

『우리 선생님은 참 재미있어요』(Winning Children to Christ)가 한국어로 번역 출판되어 정말 기쁘며 또한 하나님께 감사드립니다. 하나님께서 이 책을 사용하셔서 한국의 모든 부모님, 목사님, 전도사님, 그리고 주일학교 선생님들이 어린 생명들을 전도하고 또한 제자 훈련하는 데 뜨거운 열정을 갖고 많은 열매를 맺게 되기를 기도드립니다.

한국에는 아직 전도를 받지 못했거나 복음에 대해 충분히 배우지 못한 어린이가 수백만 명 있습니다. 제 생각으로는 한국의 모든 어린이 중의 75퍼센트 정도가 아직 복음을 제대로 듣지 못했다고 생각합니다. 또한 현재 교회에 다니고 있는 어린이들 중에도 상당수 거듭나지 못했는데, 이는 그들이 모태 신앙이라는 점을 너무 확신한 나머지 자신이 진정 거듭났는가에 대해서는 그다지 관심이 없기 때문이라고 생각합니다. 이런 어린이들에게 주 예수 그리스도의 복음을 쉽고도 능력 있게 증거할 열심을 가진 많은 교사들을 지금 하나님은 부르고 계시며, 이 책은 이런 의미에서 교사들에게 꼭 필요한 책이라고 생각합니다.

많은 사람들을 강권하여 교회에 한 번 앉혀 놓을 수는 있습니다. 그러나 그들이 자발적으로 교회에 계속 출석하고 하나님을 섬기는 일꾼이 되려면, 진정 복음을 듣고, 회개하며, 예수님을 구세주로 믿고 거듭나는 역사가 있어야만 가능합니다. 그렇지 않으면 아무리 많은 사람들이 교회를 거쳐 가도 밑빠진 독에 물 붓기와 다름없습니다. 이 책은 아직 한번도 사람들을 전도하여 결신시켜 본 적이 없는 교사들에게 유용한 도움을 줄 것입니다.

저자는 무려 3,700회 이상 어린이와 청소년 전도 집회를 인도한 후에 얻은 경험에서 이 책을 썼습니다. 그리하여 어떻게 복음과 하나님의 말씀을 효과적으로 전할 것인가에 대해 매우 실제적이면서도 쉽게 설명하고 있습니다.

저는 미국, 케냐, 그리고 대만에서 지난 수십 년 동안 어린이 사역을 해 왔습니다. 저의 경험으로도 이 책은 어린이 전도 분야와 주일학교 교사들의 자세를 가르친 책 중에서 최고의 저서라고 생각합니다.

1995. 6.
루스 에쉬나워(Ruth Eshenaur) 교수
총신대학, 아시아 연합 신학대학원 교수

추 천 사

"여러분,
이 책을 그저 책꽂이에 꽂아두지 마십시오.
당신이 진정 어린이를 사랑한다면,
오늘 당장 자세히 읽고 검토하여
그 내용을 당신의 사역에 그대로 적용하십시오!"

추 천 사

이 책은 진정 어린이들을 영적인 바른 교훈으로 지도하기를 소원하는 모든 교사들을 위한 실제적인 지침서입니다. 이 책은 어린이들을 그리스도께로 전도하고, 또한 믿음과 신앙이 더욱 자라게 하며, 예수 그리스도와 동행하는 삶을 매우 재미있고도 실제적인 방법으로 가르칠 수 있는 길을 제시하고 있는 교사 지침서입니다.

이 책은 어린이 심리를 깊이 연구하여 쓰여졌으며, 또한 실제로 어린이들을 인도하고 가르친 데서 얻은 보화와 같은 체험들을 가득 실어 놓았습니다.

저자인 조지 이거 선생님은 나이 9살 때 부흥회에 참석했다가 자신의 진정한 영적인 갈급함을 느끼게 되었고, 그날 즉시 부흥 강사의 구원 초청에 응하여 강대상 앞으로 걸어 나가 주님을 영접하였습니다.

그러나 불행하게도 그때 이후 아무도 이 어린이에게 관심가져 주지 않았고 영적으로 계속 성장하도록 계속 돌봐주지도 않았습니다. 그래서 그는 이런 자신의 체험 때문에 더욱 어린이 전도의 필요성을 뼈저리게 느끼게 되었다고 합니다.
 한 가지 더 계기가 된 것은, 어느 날 갑자기 그의 9살 된 아들이 예기치 못한 사고로 죽게 된 것이었습니다. 이 사건은 그에게 큰 충격을 안겨다 주었고, 이제 자신의 삶을 전적으로 주님께 헌신하여, 아들에게 못다 베푼 사랑을 다른 어린이들에게 쏟아 붓기로 작정했습니다.
 그래서 나이 34세에 진정 예수 그리스도를 위한 삶을 살기로 철저히 헌신한 이후, 그는 성경 말씀과 영적인 진리들을 어린이처럼 차근차근 배워 나갔습니다. 그는 '내가 배운 모든 영적 진리들을 어릴 때부터 배웠더라면 30년간 허송 세월을 하지 않았을텐데……'라고 생각하게 되었습니다.
 그리하여 성령의 인도하심에 따라 조지 이거 선생님과 부인 로라 여사는 자신들의 남은 전생애를 어린이들을 전도하여 성숙한 그리스도인으로 양육하기를 서원하였습니다. 그리고 그때 이후 20년이 지난 오늘에 이르기까지, 그는 무려 3,700회 이상 어린이와 청소년 전도 집회를 인도했으며, 수만 명의 어린이와 청소년들이 그 집회에 참석하여 주님을 영접하였습니다.
 하나님께서는 집회 때마다 놀랍게 역사하셨고, 조지 이거 선생님은 집회가 끝난 후에 그리스도를 영접한 어린이와 청소년들

추 천 사

이 신앙적으로 계속 성장할 수 있도록 양육하는 일에도 깊은 관심을 갖게 되었습니다.
그래서 그는 우편을 통한 성경학습 교재를 시리즈로 공부할 수 있는 '메일 박스 클럽'을 만들어서 작년 한 해에만도 5백만 권 이상의 책을 출판하여 온 세계에 발송하여 그들의 영적 성장을 도왔습니다. 그리하여 이제는 수천 명의 동역자들이 자원하여 메일 박스 클럽 사역에 헌신하고 있습니다.
저자의 강조점은, 어린이들에게도 그리스도의 십자가의 깊은 영적 진리를 가르쳐야 하며, 그러기 위해서는 먼저 교사들이 그 깊은 구원과 십자가의 진리를 잘 이해하고 감동되어야 한다는 것입니다.

이 교재는 어린이들뿐만 아니라 중·고등부 교사, 부모님들에게도 꼭 필요한 책입니다. 여러분은 이제까지 그저 착하게 살라는 윤리적인 교훈들만 가르쳐 오지 않으셨습니까? 그것으로는 어린이들을 계속 교회에 붙잡아 둘 수 없습니다. 그들은 진정 예수님을 영접하고 거듭나야 합니다. 거듭난 이후에는 십자가의 사랑에 감동되어, 자신의 모든 삶을 희생하여 그리스도를 위해 살기로 결심해야 합니다.
이런 영적인 어린이들을 양육하는 데 있어서 이 책은 여러분에게 실제적인 도움을 줄 것입니다. 저는 이 책이 국내뿐만 아니라 온 세계로 보급되어서, 모든 교사들이 이 책을 읽고, 여기서 얻은 신앙적인 가르침들을 그들의 사역에 성실히 적용하여 많은 열매를 거두고 하나님께 큰 영광을 돌리도록 기도드립니다.

엘머 탐슨(E. V. Thomson)
월드팀 선교회 대표

저자 서문

저자 서문

한 어린 소녀 선생님이 제가 어린이 전도 집회에서 사용하는 실물 학습 교재에 관한 문의를 담은 편지를 보내 왔습니다. 그녀는 오래 전 자기가 어릴 때, 제가 인도하던 어린이 전도 집회에 참석하여 실물 학습을 통한 저의 구원 초청을 지켜보고 일생에 지워지지 않는 큰 감동을 받았던 모양입니다. 당시 그녀는 국민학교 4학년이었지만 지금은 커서 주일학교 교사가 되었고, 그래서 어린 시절에 자기가 배웠던 그대로 이제는 다른 어린이들을 가르치고 싶어했습니다.

그래서 저는 평소에 제가 즐겨 사용하는 실물 학습을 통한 어린이 전도 교재들과 사용법을 상세히 적은 답장과 소포를 보내 주었습니다. 그로부터 몇 달 뒤 저는 그녀로부터 흥분이 가득 담긴 내용의 편지를 받게 되었습니다.

선생님, 제가 지난 주일에 교회에서 6학년 어린이들을 가르쳤는데요, 그런데 선생님이 가르쳐 주신 하트 모양 헝겊을 사용한 구원 초청 설교를 통해 7명의 어린이가 그리스도를 영접했어요. 그리고 금요일 성경 공부 시간에는 다른 3명의 어린이들이 또 그리스도를 믿기로 결심했어요. 선생님은 제가 왜 이렇게 흥분해 하는지 잘 이해하실 겁니다.

이 편지를 받고 저도 역시 흥분이 되었습니다. 그리고는 생각했습니다.
'이 여선생님과 같은 교사가 세상에 수천, 수만 명이 되었으면 좋겠다. 누군가 그들에게 어린이들을 그리스도께로 인도하고 전도할 수 있는 올바른 동기와 방법만 잘 가르쳐 준다면, 그녀와 같은 선생님이 수만 명이 생길 수 있겠구나!'

그래서 이 책을 쓰게 되었습니다. 이 책은 어린이들을 전도하여 예수님을 영접하게 하고, 세상에서 승리하는 삶을 살도록 양육하며, 또한 열매가 풍성한 그리스도인으로서의 삶을 살도록 지도하는 교사가 되도록 매우 실제적인 방법과 교훈들을 담아 보았습니다.

하나님께서 이 책을 읽는 여러분의 마음을 감동시키시고 영혼의 눈을 뜨게 하사, 오늘도 버림받은 수천만의 어린 영혼들의 들판을 바라보게 하시고, 이 세상에서 가장 소중한 일이며 우리

저자 서문

주님과 가장 기뻐하시는 영혼을 구하는 일을, 여러분이 지금 계신 그곳에서부터 시작하도록 마음 속에 간절한 열정을 심어 주시기를 기도 드립니다.

조지 B. 이거

우리 선생님은 참 재미있어요

목 차

추천사 / 루스 에쉬나워 / *5*
추천사 / 엘머 탑슨 / *7*
저자 서문 / *11*

1부 왜 어린이전도를 해야 할까요

1. 세계에서 가장 열매가 많은 선교지 / *21*
2. 주일학교 교사가 되십시오 / *31*
3. 이것이 복음입니다 / *39*
4. 하나님은 왜 우리를 거저 용서해 주시지 않으실까요 / *46*
5. 회개 / *56*
6. 구원—믿음으로 받는 선물 / *68*

목 차

2부 어린이전도 방법론

7. 하나님의 말씀—어떻게 가르칠 것인가 / *85*
8. 우리 선생님은 참 재미있어요 / *94*
9. 전천후 시청각 자료 / *106*
10. 예화와 실물 학습을 통한 복음 증거 / *119*
11. 구원의 그물 안으로 끌어들이기 / *131*
12. 효과적인 상담 / *140*
13. 메일 박스 클럽 / *155*
14. 승리하는 삶의 비결 / *165*

3부 하나님이 쓰시는 사람

15. 교사도 승리해야 합니다 / *189*
16. 영적 전쟁 / *202*
17. 능력있는 교사 / *210*
18. 열매맺는 교사가 되는 비결 / *222*
19. 죽음에서 나는 생명 / *230*
20. 하나님은 당신을 사용하시기를 원하십니다 / *239*

1부
왜 어린이전도를 해야 할까요?

그리스도인들은 하나님의 아들이 사람들을 위해 대신 죽으셨으며 비록 어린이라고 할지라도 모든 사람은 꼭 구원받아야 한다고 끊임 없이 외쳐야 할 책임이 있습니다.

남자나 여자 어린이와 악수할 때 내미는 작은 손을 보면, 아이스크림이 묻어 끈적거리는 손이 있고, 동네 강아지를 만졌는지 시커멓게 얼룩져 있는 손이 있습니다. 또 엄지 손가락 아래 귀여운 사마귀가 돋아 있는 아이도 있고, 혹은 심한 장난으로 상처가 나 밴드로 싸맨 어린이도 있습니다.

그러나 여기서 우리가 주목해야 할 중요한 점이 있습니다. 장래 이 손이 어떤 손이 될까 하는 것입니다.

성경책을 펼쳐 든 손이 될까요, 아니면 흉기를 거머쥔 손이 될까요?

피아노로 찬송가를 치는 아름다운 손이 될까요, 아니면 슬롯 머신의 손잡이를 당기는 도박하는 손이 될까요?

왜 어린이전도를 해야 할까요?

　나병 환자의 환부를 정성스레 싸매는 치료의 손길이 될까요, 아니면 술에 취해서 가누지 못하고 벌벌 떨리는 주정뱅이의 손이 될까요?

　지금 그 작은 손이 당신의 손 안에 있습니다. 이 작은 어린이들의 예쁜 손들이, 당신을 향해 도움과 인도를 바라는 무언의 호소를 던지고 있습니다.

1
세계에서 가장 열매가 많은 선교지

어린이 사역은 세계에서 가장 많은 전도의 열매를 거두고 있습니다. 어린이들보다 더 복음에 대해 마음 문이 활짝 열린 계층이나 지역은 이 세상 어디에도 없습니다.

어린이들보다 더 진심으로 복음을 듣고 마음으로 믿는 사람들은 없습니다. 또한 이 세상 어디에도 어린이가 살지 않는 곳은 없습니다.

라이오넬 헌트(Lionel Hunt)가 쓴 『어린이 전도 교본』(*Handbook of Children's Evangelism*)에 다음과 같은 통계가 나와 있습니다.

통계에 응한 성인 그리스도인들 중
86%의 그리스도인들은 15세 이전에 구원받았고
10%의 그리스도인들이 15세에서 30세 사이에 구원받았고

4%의 그리스도인들만이 30세 이후에 구원받았습니다.

위대한 복음 전도자인 무디(D.L.Moody)가 집회를 인도하고 돌아오자 어떤 사람이 물었습니다.
"오늘 집회에서 모두 몇 명의 영혼이 구원을 얻었습니까?"
그러자 무디는 "두 사람 반입니다."라고 대답했습니다.
"어른 두 사람과 어린이 한 명이란 뜻이겠군요?"
"아니오, 어린이 두 사람과 어른 한 분입니다."
하나님의 위대한 종이었던 무디는 어린이 전도의 중요성을 확실히 인식한 사람이었습니다. 어린이를 전도하는 것은 그 영혼을 구원하는 것일 뿐만 아니라, 아울러 그의 장래의 삶까지도 구원하는 것입니다. 그래서 어떤 사람은 다음과 같이 말했습니다.
"어른을 전도하는 것은 나무의 한 가지를 구하는 것이지만 어린이를 전도하는 것은 나무 한 그루 전체를 구하는 것이다."

토레이(R.A.Torrey)는 말했습니다.
"7세에서 12세 사이의 어린이를 전도하여 그리스도를 영접하게 하는 일은 정말 쉬운 일입니다. 이 또래의 어린이들 중에서도 특히 나이가 어릴수록 전도가 쉬우며, 뿐만 아니라 결신의 열매도 더욱 많습니다."

세계에서 가장 열매가 많은 선교지

> 어린이를 전도하는 것은
> 그의 영혼을 구원하는 것일 뿐만 아니라
> 아울러 그의 장래 삶까지도
> 구원하는 것이다.

 위대한 설교자였던 찰스 스펄전(Charles Spurgeon) 목사님도 "비록 7세 된 꼬마 어린이라 할지라도 잘 가르치면 어른처럼 그리스도를 믿고 거듭날 수 있습니다."라고 말씀하셨습니다.

 스펄전 목사님의 이 말을 듣고 어빈 오버홀츠(Irvin Overholtzer) 목사님은 큰 도전을 받았습니다. 그래서 실제로 7세 된 어린이를 전도하니 그 아이가 그리스도를 영접하고 거듭나는 것이었습니다. 그는 계속해서 어린이들을 전도했고, 그 결과 국민학교 저학년 어린이들도 기꺼이 자발적으로 예수님을 구주로 영접하는 역사를 계속 체험할 수 있었습니다.

 이 사실을 어떻게 믿을 수 있느냐고요? 그들의 삶이 변화된 것이었습니다. 변화된 그들을 보고 목사님은 그들이 중생했다는 것을 확실히 믿을 수 있었습니다.

 하나님은 오버홀츠 목사님의 마음을 감동시키셨습니다. 그리하여 그분은 자신의 남은 전생애를 어린이 전도에 헌신하기로 결심하였습니다. 이 분은 후에 '세계 어린이 전도 협회'(Child Evangelism Fellowship)을 창설하였으며, 이 기구는 6백 명의 전임 사역자와 6만 명의 자원 봉사자들의 헌신에 의해 오늘도 세계 각지에서 어린이 전도를 활발히 계속하고 있습니다.

 성경 말씀을 살펴보더라도 어린이가 구원받는 것은 그리 놀랄

만한 일이 못 됩니다. 예수님은 누구든지 천국에 들어가려면 어린아이와 같이 되어야 한다고 말씀하셨습니다.

"진실로 너희에게 이르노니 너희가 돌이켜 이 어린아이들과 같이 되지 아니하면 결단코 천국에 들어가지 못하리라"(마 18 : 3).

어른보다 어린이 전도가 쉽고 열매가 많은 이유는 그들의 마음이 정말 겸손하고 여리기 때문입니다. 그들의 마음 문은 언제나 활짝 열려 있습니다. 그들은 순수하고 진지합니다. 그들의 마음 밭은 옥토처럼 부드럽습니다.

만약 여러분이 그들에게 그들도 하나님 앞에 죄인인 점을 지적한다면, 그들은 진정으로 죄를 깨닫고 자신이 죄인임을 인정하고 회개할 것입니다.

위대한 신앙의 위인들 중에는 어린 시절에 예수님을 믿고 영접한 사람들이 많습니다. "기쁘다 구주 오셨네" 등을 쓴 유명한 찬송가 작사가였던 아이작 왓츠(Isaac Watts)는 11세에 예수님을 믿었고, 미국에서 18세기에 영적 대각성 운동을 일으켰던 조나단 에드워즈(Jonathan Edwards) 목사는 9세에, 성경 주석을 쓴 매튜 헨리(Matthew Henry) 박사는 13세에, 세계 선교의 개척자였던 짐 엘리엇(Jim Elliot)은 8세에, 그리고 여성 중에서도 『성경의 파노라마』의 저자인 헨리에타 미어스(Henrietta Mears)와 『주는 나의 피난처』를 쓴 코리 텐 붐(Corrie Ten Boom) 여사, 유명한 복음 전도자 빌리 그래함 목사의 부인인 루스 그래함(Ruth Rraham) 사모님이 각각 7세에 예수님을 구주로 영접한 분들입니다.

"이와 같이 이 소자 중에 하나라도 잃어지는 것은 하늘에 계신 너희 아버지의 뜻이 아니니라"(마 18 : 14).

우리는 종종 부모님들이 이렇게 말씀하시는 것을 듣습니다.
"나는 우리 아이들이 커서 사춘기가 지난 후쯤 되어서, 구원이 과연 무엇인지를 분별할 나이가 될 때까지 기다리려고 합니다."
물론 맞는 말입니다. 구원이 과연 어떤 것인지를 알 만한 나이가 되어야겠지요. 그러나 저는 아무리 어린 꼬마라도 죄가 무엇인지 알고 죄책감을 느낄 정도가 되면 구세주가 필요하기에 충분한 나이라고 믿습니다.
예수님께서 말씀하셨습니다.
"너희들 중에 아무 소자 하나라도 잃어버리지 않도록 주의하라."
예수님의 이 말씀을 보다 강조해서 표현해 보면 다음과 같습

우리 선생님은 참 재미있어요

니다.

"소중스런 아이들을 보아라. 어린이들을 항상 존중하며 소중하게 대하여, 어른들의 무관심으로 인해 구원받지 못하고 버림당하는 일이 없도록 하라."

그러나 불행하게도 우리는 이 말씀에 귀 기울이고 있지 않습니다.

저의 아주 어릴 적 기억 중 우리 교회에서 열렸던 부흥회 마지막 날의 일이 생각납니다. 당시 저는 9살이었고, 저의 죄에 대해서 매우 심각하게 생각하고 있던 참이었습니다. 교회 2층 맨 앞줄에 앉아 목사님의 설교 메시지를 심각하게 듣고는 이제 구원의 초청에 응해야겠다고 생각했습니다.

곧 결신의 시간이 되어 목사님이 누구든지 그리스도를 영접하기를 원하는 사람은 앞으로 나오라고 초청했을 때 저는 강대상 앞으로 걸어나갔습니다. 그날 저녁 부흥회에서 주님을 구주로 영접한 사람은 어린 저 혼자뿐이었습니다.

그런데 불행하게도 아무도 이 어린 소년을 주의 깊게 돌보지 않았습니다. 물론 부흥 강사 목사님과 담임 목사님, 그리고 장로님들이 나오셔서 제게 악수를 청하시고 귀엽다고 머리를 쓰다듬어 주셨습니다(역자 주—미국 침례교 또는 오순절 교단의 예배는

세계에서 가장 열매가 많은 선교지

> 어른보다 어린이 전도가 쉽고
> 열매가 많은 이유는
> 그들의 마음이 참으로 겸손하고
> 여리기 때문이다.

설교 후에 초청과 결단의 시간이 있고, 설교자의 초청을 받아 강대상 앞으로 나온 사람들은 목사님 혹은 다른 교회의 지도자들이 악수로 환영하고 그 사람의 어깨에 손을 얹은 채 기도해 줌).

그러나 예배가 끝난 후 아무도 그리스도를 영접한 제게 구원의 과정과 그 이후 어떻게 해야 하는지를 성경 말씀을 통해 자세히 가르쳐 준 사람도 없었고, 또한 제가 어떻게 구원받는가를 스스로 확신할 수 있도록 설명해 주는 사람도 없었습니다.

그래서 저는 집으로 돌아온 후 서러운 눈물을 흘렸습니다. 저는 그 후 계속적으로 성경 말씀을 통하여 양육을 받지 못했기 때문에, 어렸을 때부터 진실로 거듭날 기회가 있었으나 그만 그 때를 놓쳐 버리고 말았던 것입니다. 그 후 제가 다시 진실로 거듭난 것은 그로부터 25년이 지난 뒤였습니다.

어떤 사람들은 어린이에 대해 무관심하더라도 하나님이 알아서 해주실 것이라고 말합니다.

한 어린 아이가 예수님의 축복을 받기 위해 예수님 앞으로 인도되어 왔습니다. 제자들은 그 아이를 돌려보내려고, 아이를 데려온 사람을 찾아내어 나무라려고 하였습니다. 그러나 예수님께

우리 선생님은 참 재미있어요

서는 귀여운 어린이를 보시고 마음이 감동되셨습니다. 그리고 도리어 제자들을 꾸짖으시며 이렇게 말씀하셨습니다.

"어린아이들의 내게 오는 것을 용납하고 금하지 말라 하나님의 나라가 이런 자의 것이니라"(막 10 : 14).

한 어린 여자 아이가 어린이 주일 축하 예배 시간에 앞에 나와 성도님들 앞에서 위의 성경 말씀을 암송하기로 되어 있었습니다. 그런데 갑자기 많은 사람들 앞에 서게 된 그 여자 아이는 수줍음과 긴장으로 벌벌 떨게 되었습니다. 결국 그녀는 더듬거리면서 실수를 하고 말았습니다.

"어린 아이들의 내게 오는 것을 금하지, 금하지, 금하지 말라."

어른들은 모두 큰소리로 웃었지요. 그러나 결국 이 아이의 낭독은 하나님의 말씀을 강조적으로 세 번이나 반복해서 우리 귀에 들려준 셈이 되었습니다.

이와 같이 예수님은 세상의 모든 어린이들이 주님께 나아오기를 오늘도 원하고 계십니다. 그러나 이 세상의 어린이들이 진정 예수님 앞으로 모두 나오게 되려면, 그에 앞서 누군가가 그들에게 예수님이 누구이신가를 이야기해 주어야 합니다. 바로 이것이 이 책을 읽고 있는 우리들 모두의 사명입니다.

세계에서 가장 열매가 많은 선교지

> 어린이가 계속 새로 태어나는 이상
> 어린이 복음 전도는
> 끊임없이 계속되어야 할
> 소중한 사명이다.

"코카콜라" 하면 모르는 이가 거의 없을 정도로 널리 알려져 있지요. 그러나 그렇게 널리 알려져 있음에도 불구하고 이 회사는 매년 수십억 원을 코카콜라의 광고비로 지출하고 있습니다. 그러면, 왜 이미 세계적으로 널리 알려진 제품에 대해 그들은 그토록 막대한 광고비를 쓰고 있을까요? 그 회사의 한 중견 간부가 다음과 같이 그 이유를 설명해 주었습니다.

"해마다 세계에서 수억 명의 사람들이 죽습니다. 그들은 더 이상 코카콜라를 애용하는 고객이 될 수 없습니다. 아울러 매년 수억 명의 사람들이 새로 태어나고 있습니다. 그들은 한 번도 코카콜라란 이름을 들어 보지 못한 사람들입니다. 바로 그들을 위해 우리가 이 제품의 광고를 쉬지 않고 있는 것입니다."

우리 그리스도인들은 코카콜라에 비교할 수 없는 이 세상에서 가장 값진 선물을 가지고 있습니다. 그것은 콜라처럼 마시고 버리는 것이 아니라, 천하보다 귀한 생명을 구하는 복음의 선물입니다.

매년 세상에는 수억의 새로운 어린이가 탄생하고 있습니다. 그들은 예수 그리스도와 구원에 대해 전혀 모르는 어린 생명들입니다. 어린이 사역자들은 전세계 어디에서든지 예수님이 어린이들을 사랑하시며, 그들의 구원을 위해 십자가에 돌아가셨으며, 누구든지 이 사실을 믿고 자신의 죄를 회개하는 사람은 영원히

우리 선생님은 참 재미있어요

하나님의 품에 거한다는 이 놀라운 메시지를 전해 줄 귀한 사명이 있습니다.

그리고 이것은 어린이가 계속 새로 태어나는 이상 끊임없이 계속되어야 할 소중한 사명입니다.

2
주일학교 교사가 되십시오

초대 교회는 그 당시 알려진 전세계를 불과 33년 만에 복음화시켰습니다. 어떻게 이런 놀라운 성과를 거둘 수 있었을까요?

그것은, 그들이 단순히 하나님의 명령을 그대로 순종하였기 때문이었습니다. 즉, "**모든 그리스도인**"들이 "**모든 사람**"에게 예수 그리스도의 복음을 전하였기 때문이었습니다.

복음이 무엇이며 그것을 어떻게 전할 것인지를 앞으로 살펴보도록 하겠습니다. 그러나 그에 앞서 우리가 명심해야 할 것은 "**모든 사람**"이 복음을 "**모든 사람**"에게 전하였다는 사실입니다.

당신은 진정 그리스도인이십니까? 그렇다면 주일학교 교사가 되라는 요청을 거절하지 마십시오. 당신이 진정 초대 교회 그리스도인들과 같은 진정한 그리스도인이라면, 복음 전도는 모든

사람의 의무이자 곧 당신의 의무입니다. 그리고 당신은 모든 사람에게—어린아이들에게까지도—복음을 전해야 합니다.

어린이를 전도하는 데에는 구분이 없습니다. 어른도 할 수 있고, 중·고등학생도 할 수가 있으며, 어린이가 어린이를 전도할 수도 있습니다. 어린이를 전도하는 일은 정말 보람되고 풍성한 열매를 거둘 수 있는 하나님의 사역입니다.

저는 어느 날 저녁 예배에 참석하여 한 어린이 사역자가 외친 설교로부터 큰 은혜를 받은 적이 있는데, 제목이 "내가 너희로 사람낚는 어부가 되게 하리라."라는 말씀이었습니다. 설교 중에 그는 양 팔을 최대한 넓게 벌리고 청중들에게 말했습니다.

"여러분 중에 이만큼 큰 물고기를 낚시로 잡아 본 적이 있는 사람은 손을 들어 보십시오."

아무도 손을 들지 않았습니다.

그는 이번에는 팔을 중간 정도 벌려 똑같은 질문으로 다시 물어 보았습니다. 그러자 서너 명의 참석자들이 손을 들었습니다.

이제 그는 마지막으로 양 손을 10센티미터 정도 벌리고 물어 보았습니다.

"여러분 중에 요정도 크기의 물고기를 잡아본 사람은 손을 들어 보십시오!"

그러자 그날 저녁 예배에 참석한 거의 모든 사람의 손이 올라

갔습니다. 그러자 그는 다음과 같은 명설교를 했습니다.

"어린이들은 작은 물고기와 같습니다. 지금 손을 드신 여러분은 모두 이 작은 물고기들을 잡는 그리스도의 어부가 될 수 있는 것입니다!"

주님을 진실로 사랑하고 세상에서 방황하는 영혼들을 진정으로 염려하는 사람은 이와 같이 누구든지 어린이를 전도하는 교사가 될 수 있습니다. 이렇게 어린이를 전도하는 주일 학교 교사가 됨에 있어서 여러분이 꼭 알아 두셔야 할 사항은 다음과 같습니다.

- 어린이들을 사랑하고 예수님이 가르치신 말씀처럼 그들이 진정 소중한 존재임을 믿으십시오.
- 어린이들은 무한한 가능성을 가지고 있다는 사실을 진실로 믿으십시오. 그러므로 어린이들을 대할 때 항상 중요한 인격체(Very Important Person)로 존중하십시오.
- 비록 어린아이라 할지라도 그리스도 밖에서는 죄와 허물로 인하여 죽은 영혼이라는 사실을 직시하십시오. 그러므로 어린이도 절대적으로 구원받아야 할 존재임을 심각하게 받아들이십시오.
- 어린이들도 구원받을 수 있습니다. 국민학교 1학년 이상의 어린이라면 복음의 원리를 충분히 이해할 수 있습니다.

우리 선생님은 참 재미있어요

- 어린이를 대할 때에는 어린이들 수준의 어휘를 선택하여 말하며, 그들에게 **복음을 쉽게 전할 방법을 항상 연구하십시오.** 제가 개발한 **손가락 복음** 등의 방법을 이 책에서 앞으로 소개해 드릴 것입니다.
- 어린이들에게 복음을 전할 때에는 그들의 주의를 집중시킬 수 있는 **새로운 방법을** 항상 사용하여야 합니다. 어린이에게 복음을 전하는 방법은 항상 재미있는 방법으로 전달되어야 합니다. 지루한 방법으로는 어린이의 관심을 끌 수 없습니다. 아무리 복음이 귀중한 것이라도, 지루한 설교를 통한 전달은 그들에게 아무 의미가 없습니다. 여기에 대한 힌트도 여러분이 이 책을 차차 읽어 가시면서 얻게 될 것입니다.
- **열정을 가지십시오.** 세상 사업을 하는 사람도 자기 사업에 대한 불타는 열정을 가지고 임하고 있습니다. 우리는 세상의 어떤 상품보다 더욱 가치있고 소중한 것을 취급하고 있습니다. 그러므로 우리는 그들보다 더욱 열심을 내어, 남들에게 미쳤다는 소리를 들을 정도의 열정을 가지고 이 사업에 임해야 합니다.
- **열매를 기대하십시오.** 한 젊은 목사님이 전도의 열매가 전혀 없자 너무 낙심하여 선배 목사님을 찾아가 상담을 요청하였습니다. 그는 선배 목사님으로부터 "자네는 설교할 때마다 영혼이 구원받는다는 사실을 기대하는가?"라는 질문을 받았습니다. 그

> 어린이들에게는
> 활짝 웃는 얼굴로 하는
> 한마디 전도의 말이
> 논리적으로 딱딱하게 말하는
> 열 마디 말보다 더욱 효과적이다

는 "아닙니다. 저는 한 번도 그런 열매를 기대해 본 적이 없습니다."라고 대답하였습니다. "그것이 바로 자네가 한 영혼도 구원하지 못하고 있는 이유라네."라고 선배 목사님은 소중한 교훈을 일러 주셨습니다.

우리의 설교와 성경 공부는 영혼 구원은 제쳐둔 채 착한 어린이가 되라는 교훈만 반복해서는 안 됩니다. 그것은 밑 빠진 독에 물 붓기요, 기초가 없는 집을 건축하는 것과 같은 헛수고일 뿐입니다.

우리의 최대 관심사는 지금 "내가 가르치고 있는 어린이가 과연 구원을 받았는가?" 하는 문제입니다. 그러므로 우리의 설교와 성경 공부는 기본적으로 항상 영혼 구원의 목표를 지향하여야 합니다. 이 젊은 목사님처럼 영혼 구원의 목표가 없는 사람은 절대로 영혼을 구원할 수 없습니다.

심슨(A. B. Simpson)은 말했습니다.

"복음 전하는 자가 꼭 갖추어야 할 한 가지 덕목은, 자신이 항상 영혼들을 전도할 수 있도록 하나님께 기도하는 일입니다. 전도를 통해 한 영혼이 구원받을 것을 기대하는 전도자는 절대로 실망하거나 낙심하는 법이 없습니다."

여러분, 주일학교 교사로 봉사하시다가 지쳐서 실망하신 분들

우리 선생님은 참 재미있어요

을 보셨습니까? 영혼 구원의 목표를 가지고 한 명의 어린이라도 전도하여 결신시킨 경험이 있는 교사는 절대로 낙심하지 않습니다. 이 세상에 여러 가지 즐거움이 있지만, 지옥 갈 생명을 전도하여 구원하는 기쁨은 그 무엇과도 비길 데 없는 큰 기쁨입니다.

또한 항상 주님이 주신 기쁨으로 기뻐하십시오. 어린이들은 항상 활짝 웃는 사람들 곁에 머무르고 싶어합니다. 우리가 항상 웃고 즐거워하기만 한다면, 그들은 우리에게로 다가와서 같이 웃고 즐거워하고 싶어합니다.

어린이들에게는 활짝 웃는 얼굴로 말하는 한 마디 전도의 말이, 논리적으로 딱딱하게 말하는 열 마디 말보다 더욱 효과적이라는 사실을 절대 잊지 마십시오.

일찍이 무디는 어린이 전도의 중요성을 잘 인식한 사람이었습니다. 그는 전도 집회 때마다 어린 영혼들이 구원받는 일을 절대로 간과하지 않았습니다.

하루는 콜로라도 덴버에서 있었던 무디의 집회 때였는데, 교회가 꽉 차서 더 이상 앉을 자리가 없자 안내 집사님이 한 어린 아이를 집으로 돌려보내려고 하였습니다. 그 어린이는 울면서 교회 앞 계단을 걸어 내려오다가 마침 집회를 인도하러 교회당으로 들어오던 무디와 마주쳤습니다.

무디는 그 어린이에게 왜 울고 있느냐고 물었습니다. 이유를 다 들은 무디는 그 어린이에게 자기의 옷자락을 잡고 따라오라고 하였습니다. 그리고는 어린이를 데리고 성도님들로 꽉 찬 교회당을 가로질러 강대상까지 올라갔습니다. 그리고 운집한 성도님들께 다음과 같이 말했습니다.

"오늘 저녁에 이 어린아이는 앉을 자리가 없어서 예배당에 들어오지 못하고 바깥에서 울고 있었습니다. 저는 이 아이를 여기 강대상 목사님 의자에 앉히고 싶습니다. 여러분, 여기 앉은 아이가 미국에서 가장 훌륭한 사람으로 성장할 수 있도록 기도해 주십시오!"

큰 소리의 "아멘"이 성도님들로부터 터져 나왔습니다. 참석한 모든 성도님들은 그날 저녁 무디의 어린 소자에 대한 사랑과 관심에 큰 감명을 받았습니다. 그 어린이는 강대상에서 무디 부흥사의 설교 말씀을 한 마디도 빠뜨리지 않고 모두 귀담아 들었습니다.

그 어린이는 정말 그날 저녁 모든 성도님들의 합심 기도대로, 커서 무디처럼 훌륭한 복음 전도자가 되었습니다. 그리하여 수천 명의 사람들을 그리스도께로 인도하였는데, 그가 바로 폴 레이더 목사(Paul Rader)입니다.

우리 선생님은 참 재미있어요

"저의 경험인데요, 어른 20명 앞에서 복음을 전하면 보통 1-2명이 예수님을 믿기로 작정을 합니다. 그러나 어린이 20명 앞에서 복음을 전했더니 그중 19명이 예수님을 영접하는 것이었습니다. 제가 만일 인생을 다시 살 수 있다면 저는 저의 전 삶을 어린이 전도에 바치고 싶습니다."

―폴 레이더―

3
이것이 복음입니다

하루는 믿지 않는 어린이들이 동네 놀이터에서 뛰어놀다가 친구와 선생님의 인도를 받아 교회에 나옵니다. 모든 것이 서먹서먹하기만 한 그들에게 "너희들은 예수님을 믿으면 착한 소년 소녀가 될 거야." 그리고 "교회에 다니면 참 유익하고 이로운 게 많단다."는 친절한 말로 설득해 보지만 그들을 교회에 계속 나오도록 붙잡아 두지는 못합니다. 그들이 교회에 계속 다니면서 하나님을 섬기려면 그들이 "거듭나야" 합니다.

어린이들을 거듭나게 하려면 그들이 먼저 복음을 들어야 하고 또한 그것을 믿어야 합니다. 성경은 "복음에는 모든 사람이 구원에 이르는 하나님의 능력이 있다"(롬1 : 16)라고 증거하고 있습니다.

우리 선생님은 참 재미있어요

"복음"(Gospel)이라는 말은 "복된 소식"(Good News)이라는 말입니다. 그런데 아직도 많은 사람들이 복음이 과연 무엇인지 잘 모르고 있습니다.

어떤 사람들은 복음이란 하나님이 착하고 선한 사람들을 사랑하셔서 그들을 구원하는 것이라고 믿고 있습니다. 만약 이것이 사실이라면 이것은 절대 복음이 될 수 없습니다. 왜냐하면 우리는 모두 죄인이어서 한 사람도 하나님의 구원의 혜택을 받아 누릴 수가 없기 때문입니다.

복음이 복된 소식이 되는 것은, 하나님께서 여러분이나 저와 같은 죄인이자, 하나님을 배반한 사람들을 사랑하셨다는 점에 있습니다. 그저 말로만 사랑하신 것이 아니라, 실제로 친아들을 보내 주셔서 하나님과 원수 된 사람들을 위해 대신 죽게 하시고, 이제 하나님과 사람 사이에 화목할 수 있는 길을 열어놓으셨습니다.

사도 바울은 복음에 대해 아주 쉽게 설명하였습니다. 이것은 너무 간단해서 어린아이라도 쉽게 이해할 수 있습니다.

"내가 받은 것을 너희에게 전하노니 이는 성경대로 그리스도께서 우리 죄를 위하여 죽으시고 장사지낸 바 되었다가 성경대로 사흘 만에 다시 살아나사"(고전15 : 3-4).

이것이 복음입니다

"예수님을 믿으면 착한 사람이 될거야."
"교회에 다니면
참 유익하고 이로운 게 많단다."
이런 말로는 그들을 교회에 계속 나오도록
붙잡아 두지 못한다.

위의 성경 말씀에서 우리는 복음을 다음과 같이 두 부분으로 크게 나눌 수 있습니다.
(1) 그리스도께서 우리 죄를 대신해서 죽으셨습니다.
(2) 그리스도께서 죽음에서 다시 살아나셨습니다.

　성경에는 예수님 외에도 실제로 죽었다가 부활한 몇몇 사람들의 이름이 언급되고 있습니다. 그러나 이들 모두는 영원히 살지 못하고 다시 죽었습니다. 예수님의 부활은 이들과 질적으로 다른 부활이었습니다. 예수님은 무덤에서 다시 살아나신 이후 절대로 다시 죽지 않으셨습니다. 그래서 직접 다음과 같이 말씀하셨습니다.

　"나는 곧 산 자라 내가 전에 죽었었노라 볼지어다 이제 세세토록 살아 있어 사망과 음부의 열쇠를 가졌노니"(계 1 : 18).

　바울이 이 복음에 대해 핵심적으로 설명하였는데, 과연 그는 어떻게 이것을 알 수 있었을까요? 그는 부활하신 예수님으로부터 직접 이 복음에 대해 배우게 되었습니다. 바울이 자기의 서신서에서 설명한 복음은 죽으시고 부활하신 예수님에게서 직접 배운 것이었습니다. 그는 말했습니다.

　"형제들아 내가 너희에게 알게 하노니 내가 전한 복음이 사람의 뜻을 따라 된 것이 아니라 이는 내가 사람에게서 받은 것도 아니요 배운 것도 아니요 오직 예수 그리스도의 계시로 말미암은 것이라"(갈 1 : 11 – 12).

　구원받으려면 복음을 믿어야 합니다. 그런데 복음을 믿으려면 먼저 그것을 듣는 일이 있어야 합니다. 수년 동안 교회를 다녔지만 복음이 과연 무엇인지 단 한번도 들어 보지 못한 어린이들

이것이 복음입니다

> 복음은 두 가지이다.
> 하나는
> 그리스도께서 우리 죄를 위하여 죽으셨다는 사실이고,
> 또 하나는
> 죽으신 그리스도께서 다시 살아나셨다는 사실이다.

이 있다는 것은 슬픈 현실입니다. 복음에 대해 제대로 아는 어린이들은 소수에 불과합니다.

실제로 어린이들에게 어떻게 하면 구원을 받을 수 있는지 물어보십시오. 아마도 대부분의 어린이들이 착하게 살아야 한다고 대답할 것입니다. 어떤 어린이들은 세례를 받아야 한다거나 교회에 다녀야 한다고 대답하기도 합니다.

이렇듯 아직 무지한 어린이들에게 복음을 전하는 일은 얼마나 복된 일인지요. 하나님은 어린이들을 사랑하십니다. 그래서 예수님을 보내어 그들의 죄를 대신하여 죽게 하셨습니다. 그래서 그들은 자신의 죄를 인정하고, 그것 때문에 지옥으로 갈 운명이었으나 구세주 예수님이 이루신 놀라운 사실을 믿는 순간 그들은 구원받는 것입니다.

어린이들에게 복음을 전함에 있어서 우리의 목표는 바로 이것입니다. 즉, 그들에게도 구세주(죽을 운명에서 구해주는 분)가 필요하다는 사실을 먼저 가르쳐 주십시오. 그 다음에, 예수 그리스도께서 바로 우리가 절대로 필요로 하는 구세주가 되셨다는 사실을 설명해 주십시오.

어린이 전도 협회의 창시자인 어빈 오버홀츠 목사님이 이것을 예를 들어 잘 설명해 주시고 계십니다.

우리 선생님은 참 재미있어요

"저는 12살된 여자 어린이에게 예수님을 믿느냐고 물어보았습니다. 그 여자 어린이는 잘 모르겠다고 대답했습니다. 저는 두 번째로, 구원을 받았느냐고 물어보았습니다. 그 아이는 역시 잘 모르겠다고 대답했습니다. 세번째로 저는, "우리가 어떻게 하면 구원을 받을 수 있지요?" 하고 물어 보았습니다. 그러자 "착하게 살아야지요."라고 대답하였습니다.

"그러면 우리가 어느 정도 선하게 살아야 구원을 받을 수 있을까?"

"최고로 선하게 살아야 해요!"

"그런데 우리 어린이는 그 정도로 선하게 살고 있니?"

"아뇨."

저는 계속 말을 이어 갔습니다.

"그럼 우리 친구는 아직 구원받지 못했겠구나. 그런데 사실은 나도 그렇게 최고로 착하게 살고 있지는 못하고 있단다."

이 여자 아이는 제 말을 듣고는 두 눈이 동그랗게 되면서 저를 놀란 듯이 쳐다보았습니다. 왜냐하면 제가 그 동네 교회의 목사였거든요. 그때의 커다랗게 동그래진 귀여운 두 눈을 저는 지금도 잊지 못하고 있습니다.

그 아이가 이제는 진지하면서도 의아한 표정으로 제게 도리어 다음과 같이 물어 왔습니다.

"목사님도 최고로 착하지 못하면 아직 구원을 받지 못하셨겠네요? 그럼 목사님은 구원을 받기 위해서 어떻게 하실 작정인가요?"

이 말을 들었을 때 제 마음은 기뻐 흥분되기까지 했습니다. 십자가 위에서 예수님께서 이루신 구원 사역을 설명하는 일이 얼마나 즐거운 일인지요!

이 여자 아이는, 자신의 공로로는 구원을 받을 수 없지만 예수님께서 우리를 위해 열어 놓으신 구원의 길이 있다는 전도를 듣고는 예수님을 마음의 구주로 영접하였습니다. 그리고 주님의 약속에 따라 이제는 자신이 구원받았다는 것을 굳게 믿게 되었습니다.

이제 그 아이는 커서 어른이 되었습니다. 그때 이후 여전히 주님을 사랑하고 믿음 위에 굳게 서 있는 모습을 줄곧 지켜보고 있습니다.

우리는 성령님의 능력으로 어린이들에게 복음을 전할 때 항상 **미래의 결과**를 기대하여야 합니다. 복음은 정말 "모든 믿는 자에게 주시는 하나님의 능력"입니다.

4
하나님은 왜 우리를 거저 용서해 주시지 않으실까요?

왜 예수님이 꼭 십자가 위에서 죽으셔야 했습니까?

사도 바울은 그리스도께서 우리 죄를 위해 죽으시고 다시 살아나셨다는 십자가의 도를 일컬어 "하나님의 지혜"라고 했습니다.

그것은 정말 사람들과 창조주 하나님과의 관계를 다시 회복시키시기 위한 하나님의 무한한 지혜였습니다.

어린이들에게 복음을 전할 때, 다음 두 가지 사실을 어린이들이 잘 이해하도록 늘 염두에 두셔야 합니다.

(1) 그리스도께서 죽으신 목적

(2) 그리스도의 죽음의 필요성

그리스도께서 죽으신 목적

그리스도께서는 로마 제국의 사형 제도인 십자가 위에서 돌아가셨습니다. 이 사건은 세계사가 증명하고 있는 분명한 역사적 사실입니다. 그러므로 우리에게 보다 중요한 것은, 예수님이 죽으셨다는 사실보다 **왜** 예수님께서 죽으실 수밖에 없었는가 하는 그 이유입니다.

하나님은 그리스도께서 죽으신 이유에 대해 조금도 의심할 필요가 없는 명백한 이유를 설명해 주셨습니다. 그것은 바로 우리의 죄 때문에 그리스도께서 죽으셨다는 것입니다.

이사야 선지자는 성령님의 감동으로 이 사실을 다음과 같이 예언하였습니다.

그는 실로 **우리의** 질고를 지고
우리의 슬픔을 당하였거늘……
그가 찔림은 **우리의** 허물을 인함이요
그가 상함은 **우리의** 죄악을 인함이라
그가 징계를 받음으로 **우리가** 평화를 누리고

하나님은 왜 우리를 거저 용서해 주시지 않으실까요?

그가 채찍에 맞음으로 우리가 나음을 입었도다.
(사 53 : 4-5)

오늘날 어떤 사람들은, 그리스도께서 죽으신 것은 우리에게 고통이나 죽음을 두려워하지 않는 삶의 용기를 몸소 보여주시기 위해서였다고 합니다. 그러나 단지 그것 때문에 그리스도께서 죽으신 것은 아닙니다. 예수님이 하나님의 어린양으로 보배로운 피를 흘려 죽으신 이유는 오직 우리의 죄를 깨끗이 없애기 위해서였습니다. 예수님은 말씀하셨습니다.
"이것은 죄사함을 얻게 하려고 많은 사람을 위하여 흘리는 바 나의 피, 곧 언약의 피니라"(마 26 : 28).

어린이들이 예수님의 십자가에 대한 올바른 이해를 가지는 것은 대단히 중요합니다. 십자가 사건은 우리가 받아야 할 우리의 죄값을 대신해서 다른 제 삼자가 형벌을 받도록 한 것이 아닙니다. 만약 그렇다면, 어린아이들은 하나같이 "나는 예수님을 사랑해요, 그렇지만 하나님은 밉고 무서워요."라고 말할 것입니다.

천부당 만부당한 말입니다. 하나님은 예수님만 애꿎게 죽게 하시는 무정하고 무자비한 분이 아니십니다. 십자가의 근본적

우리 선생님은 참 재미있어요

> 하나님은 예수님만 애꿎게 죽게 하시는
> 무정하고 무자비한 분이 아닙니다.
> 십자가의 근본적 의미는
> 하나님 자신이 우리가 받을 형벌을
> 십자가에서 친히 대신
> 받으시고
> 우리 죄를 위해 죽으셨다는 사실에 있다.

의미는, 하나님 자신이 우리가 받을 형벌을 십자가에서 친히 대신 받으시고 우리 죄를 위해 죽으셨다는 사실에 있습니다. 예수님 자신이 바로 하나님이신 것입니다.

"그 안에는 신성의 모든 충만이 육체로 거하시고"(골 2 : 9).

지극히 위대하시고 높으신 하나님께서 낮고 낮은 인간들의 죄를 위해 친히 십자가 위에서 죽으셨다니 이 얼마나 놀라운 사랑입니까?

> 하늘을 두루마리 삼고 바다를 먹물삼아도
> 그 크신 하나님의 사랑 다 기록하지 못하네

그리스도의 죽음의 필요성

그리스도의 십자가 위에서의 죽으심은 두 가지 이유에서 절대적으로 필요합니다. 먼저는 죄인들의 죄를 대신해서 형벌을 받기 위함이고, 다음은 하나님께서 우리를 정당하게 용서해 주시기 위해서입니다.

1. 십자가는 죄인들을 위해 꼭 필요한 것입니다.

영혼을 대속할 수 있는 것은 피밖에 없다고 성경은 말합니다.

하나님은 왜 우리를 거저 용서해 주시지 않으실까요?

피흘림이 없이는 진정한 용서도 없습니다. 히브리서 9장 22절에서 "피흘림이 없은즉 사함이 없느니라."라고 했습니다.

예, 그렇습니다. 그렇다면 누구의 피를 흘려야 합니까? 제가 당신의 죄를 위해 죽으면 당신이 죄사함을 받을 수 있을까요? 그렇게는 안됩니다. 왜냐하면 저도 죄인이기 때문입니다.

우리 죄인의 죄를 대속하기 위해서는 오직 죄 없으신 하나님의 독생자의 죽음뿐입니다. "너희가 알거니와 너희 조상의 유전한 망령된 행실에서 구속된 것은 은이나 금같이 없어질 것으로 한 것이 아니요 오직 흠 없고 점 없는 어린양 같은 그리스도의 보배로운 피로 한 것이니라"(벧전 1 : 18, 19)라고 성경이 증거하고 있습니다.

하나님의 아들이 나의 죄를 위해 죽으셨기 때문에 나는 나의 죄들이 용서되었음을 압니다. "우리가 그리스도 안에서 그의 은혜의 풍성함을 따라 그의 피로 말미암아 구속 곧 죄사함을 받았으니"(엡 1 : 7)라고 성경은 말합니다.

나는 하나님께 나아가는 것을 두려워하지 않고 담대히 그분의 임재 가운데 들어갑니다. 성경이 "그러므로 형제들아 우리가 예수의 피를 힘입어 성소에 들어갈 담력을 얻었나니"(히 10 : 19)라고 증거하기 때문입니다.

2. 십자가는 하나님의 의를 증명해 주었습니다.

십자가로 말미암아 하나님은 정말 정의로운 분이시며 예수님을 믿는 자를 의롭게 하시는 분이심이 증명되었습니다.

많은 어린이들(그리고 어른들)은 왜 예수님이 십자가에서 죽으셔야 했는지 이해하지 못합니다. 그들은 "왜 하나님이 우리를 직접 용서해 주실 수 없습니까? 왜 예수님이 죽으셔야 했습니까?"라고 묻습니다.

하나님이 바로 우리를 용서하실 수 없는 이유는, 하나님이 전 우주의 의로우신 심판자이신데 우리가 그의 법을 어겼고 하나님이 이미 "범죄하는 그 영혼이 죽으리라"(겔 18 : 4)라고 말씀하셨기 때문입니다. 하나님은 자신이 만든 거룩한 법을 스스로 실행하셔야 했습니다.

우리는 죄를 범하였습니다. 그 결과 형벌과 멸망을 받아야 합니다. 그러나 하나님은 우리를 사랑하셔서 우리가 구원받기를 원하시는데, 그렇다고 하나님이 불의하실 수도 없습니다. "여호와께서는 모든 행위에 의로우시며"(시 145 : 17)라고 성경은 말합니다.

하나님은 우리의 죄를 간과하실 수도, 그 죄들에 대해 없었던 것처럼 모른 척하실 수도 없습니다. 하나님께서 행하시는 것은 무엇이든 의로우며 정의롭습니다. 왜냐하면 하나님은 공의의 하

하나님은 왜 우리를 거저 용서해 주시지 않으실까요?

나님이시기 때문입니다.

하나님은 어떻게 죄인인 우리에게 사랑으로 구원을 베푸셨으며, 동시에 죄를 벌하는 그 분의 의로우신 속성을 유지하셨을까요? 바로 십자가를 통해서 이루어 내셨습니다. 십자가는 하나님께서 우리를 구속하기 위하여 지불하셨던 사랑의 도구이면서 동시에 공의의 도구였습니다.

> 하나님은 죄인을 눈감아주실 수 없었습니다.
> 우리의 죄는 우리가 죽어야 할 것을 요구합니다.
> 그러므로 그리스도의 십자가에서 우리는 알게 됩니다.
> 하나님께서 얼마나 우리를 사랑하시고
> 또한 얼마나 의로우신지!
> —뎬햠 스미스—

거대한 라구아디아 국제 공항은 뉴욕의 시장이었던 피오렐로 라구아디아(Fiorello Laguardia)의 이름을 본따 지어졌습니다. 그는 많은 정당의 사람들로부터 사랑과 존경을 받은 지도자였습니다.

라구아디아씨가 뉴욕시의 재판관이었을 때 한 노인이 빵 하나를 훔친 죄로 법정에 서게 되었습니다. 그 노인은 자신의 죄를 시인하면서 배가 고팠기 때문이라고 말했습니다.

우리 선생님은 참 재미있어요

> 하나님은 우리의 죄를 간과하실 수도,
> 그 죄들에 대해 없었던 것처럼 모른 척하실 수도 없다.
> 하나님께서 행하시는 것은
> 무엇이든 의로우며 정의롭다.
> 왜냐하면 하나님은 공의의 하나님이시기 때문이다.

라구아디아 재판관은 동정적이었습니다. 그러나 다음과 같이 말했습니다.

"당신이 배고픔을 달래기 위해 도둑질을 해야 했던 것에 대해 유감스럽게 생각합니다. 그렇지만 우리는 사람들이 도둑질하는 것을 간과해 줄 수는 없습니다. 법은 당신이 벌금을 지불하든지 아니면 감옥에 가야 함을 명시하고 있습니다. 나는 당신에게 벌금 10불을 지불할 것을 판정합니다."

그리고 나서 라구아디아 재판관은 뜻밖의 일을 했습니다. 그는 재판관이 입는 법복을 벗고 그 노인이 서 있는 곳으로 내려갔습니다. 그리고 자기의 손을 그 노인의 어깨 위에 올려놓으면서 나직히 말했습니다.

"뉴욕시의 재판관으로서 나는 당신에게 판결을 내려야 했습니다. 그러나 나는 이제 당신의 친구로서 당신을 위해 벌금을 대신 지불하고자 합니다."

그는 주머니에서 10달러짜리 지폐를 꺼내어 그 남자의 벌금을 해결해 주었습니다.

우리는 벌금을 낼 수 없었던 그 남자의 처지와 같습니다. 우리는 하나님의 법을 어겼고 영원한 형벌을 받아야만 했습니다. 그러나 우리 주님은 하나님의 영광을 버리시고 이 땅에 오셔서

하나님은 왜 우리를 거저 용서해 주시지 않으실까요?

그 십자가 위에서 우리의 죄의 형벌을 대신 받으셨습니다.

십자가는 우리에게 하나님의 사랑을 나타내 줍니다. 뿐만 아니라 그분의 공의로우심도 나타내고 있습니다. "복음에는 하나님의 의가 나타나서……"(롬1 : 17)라고 성경은 말합니다.

그리스도께서 우리의 죄과를 모두 지불하셨기 때문에, 그리스도를 구세주로서 의지하는 사람을 하나님께서는 의롭게 하시며 모든 죄에서 용서하실 수 있는 것입니다.

우리는 지금 십자가 안에 놀라운 의미가 있음을 깨달았습니다. 그것은 죄인들에게 절대적으로 필요한 것입니다. 십자가 없이는 어느 누구도 구원받을 수 없습니다. 오직 십자가로 말미암아 구원을 받을 수 있으며, 이 사실은 어린이에게도 동일하게 적용됩니다.

　우리는 어린이들에게 십자가에 담긴 하나님의 사랑을 가르쳐 줄 때에, 그리스도의 십자가 위에서의 죽으심에 대해 이야기하는 것을 결코 주저하거나 두려워해서는 안 됩니다.

　십자가는 항상 하나님의 사랑과 공의를 나타내는 상징입니다. 예수 그리스도는 "죽임을 당한 어린양"(계 13 : 8)입니다. 지금도 천국에서는 그리스도의 놀라운 희생으로 구원받은 영혼들이 영원한 영광 가운데 살고 있습니다. 그 보좌에 수백만 명의 사람들이 모여 주님을 찬양하며 경배합니다.

　일찍 죽임을 당하시고 사람들을 피로 사서 하나님께 드리신 주님, 존귀와 영광을 홀로 받으소서(계 5 : 9).

5
회개

하나님의 구속은 완전한 것이며 이미 완성되었습니다. 그러나 이것은 누구에게나 자동적으로 주어지는 혜택은 아닙니다. 그 구속을 받는 우리 편에서도 적합한 대응이 있어야 합니다.

구원은 단지 복음의 사실을 믿는 것 그 이상의 것임을 앞서 언급한 바 있습니다. 인간은 자신이 지은 죄에 대하여 슬퍼하며, 그 죄에서 철저히 돌이켜 예수 그리스도를 믿고 성결한 삶을 살아야 합니다.

성경은 이것을 하나님께 대한 **"회개"**와 우리 주 예수 그리스도께 대한 **"믿음"**이라고 부릅니다. 이와 같이 구원에는 **"믿음"**과 **"회개"**라는 두 과정이 꼭 필요합니다. 이중 한 가지 만으로는 온전한 구원에 이를 수 없다는 사실을 꼭 기억해야 합니다.

어린 시절 교회로 인도되었던 100명의 어린이들 중에서 단지

10명만이 어른이 되어서도 계속 교회에 다니며 하나님을 섬기고 있다고 합니다. 그 이유가 무엇일까요? 그것은 중간에 낙오된 그들 대부분이 어린 시절에 교회를 다니면서도 제대로 구원을 받지 못하였기 때문이라고 생각합니다.

우리는 계속해서 어린이들을 주일학교와 교회에 초청하고 있습니다. 그러나 그들이 거듭나는 체험을 갖지 못한다면, 그들은 영적인 것들에 대한 진정한 관심을 점점 잃어버리게 될 것입니다. 그리고 후에 스스로 자신의 길을 갈 만한 나이가 되면 교회를 훌쩍 떠나 버리고 마는 것입니다.

우리는 "편의주의적 믿음"의 시대에 살고 있습니다. 어린이들에게 자신의 결심을 손을 들어 보이게 하기는 쉽습니다. 그러나 그것이 그들이 진정으로 구원받았다는 것을 의미하지는 않습니다. 성경은 어느 누구도 회개하지 않으면 구원받을 수 없다고 말합니다. 예수님께서 엄히 말씀하셨습니다.

"너희도 만일 회개치 아니하면 다 이와 같이 망하리라"(눅 13 : 3).

회개한다는 것은 무엇입니까? 그리고 왜 이것이 구원받는 데 필요합니까? 회개란 단지 자신이 지은 죄에 대해 후회하는 것만은 아닙니다. 유다는 그가 주님을 배반한 것을 슬퍼했지만 진정 회개하지는 않았습니다.

회 개

또한 죄의식을 느끼고 있다고 해서 그것이 곧 회개가 되지는 않습니다. 사람이 자신의 죄를 알고 죄책감을 느끼지만 여전히 회개하지 않을 수도 있는 것입니다.

그렇다면 회개란 무엇입니까? 여기에 어린이들도 이해할 수 있는 간단한 정의가 있습니다. 회개란 자신이 지은 죄를 아주 애통해 하며 다시는 그런 죄를 짓지 않기를 간절히 소원하며 결심하는 태도입니다.

사람이 자기 마음의 태도를 진실로 바꿀 때에는 그의 행동에서도 변화가 일어나게 됩니다. 다윗이 그것을 잘 표현했습니다.

"내가 내 행위를 생각하고 주의 증거로 내 발을 돌이켰사오며"(시 119 : 59).

사람이 구원받기 위해 꼭 회개해야 하는 데에는 이유가 있습니다. 하나님의 목적은 하나님의 아들의 왕국에 있습니다. 하나님은 예수 그리스도께서 그 나라를 영원히 다스리도록 하셨습니다. 성경은 말합니다.

"그리스도께서 죽었다가 다시 살으셨으니 곧 죽은 자와 산 자의 주가 되려 하심이니라"(롬 14 : 9).

그런데 우리는 모두 "타고난 반역자들"이니 문제가 생길 수밖에 없습니다. 성경에서도 "우리는 각기 제 길로 갔거늘"(사 53

> 회개란
> 자신이 지은 죄를 무척 애통해 하며
> 다시는 그런 죄를 짓지 않기를
> 간절히 소원하며 결심하는 것이다.

: 6)이라고 말하고 있습니다. 우리는 누구도 우리의 주인이 되어 "이렇게 하시오.", "저렇게 하시오." 명하고 가르치는 것을 싫어 합니다. 비록 하나님의 명일지라도 거부하는 것이 우리의 타고난 속성입니다.

한 인간이 마음으로는 여전히 반역하면서 믿음만 가지고 그리스도의 나라에 들어갈 수 있을까요? 아닙니다. 결코 그럴 수 없습니다. 하나님이 사랑하시는 아들, 예수 그리스도의 사랑의 아들의 나라에는 절대 반역자들이 들어갈 수 없습니다.

그리스도의 나라에 들어가려면 먼저 우리 내면의 근본적인 변화가 있어야 합니다. 자아는 마음의 왕좌에서 내려오고 그리스도께서 왕으로 좌정하시도록 해야 합니다. 우리들의 의지가 철저히 그분께 복종되어야 합니다.

우리는 어린이들로 하여금 그들의 죄의 문제의 뿌리에 대해 이해하도록 도와 주어야 합니다. 그리고 그것을 해결하기 위해 무엇을 어떻게 해야 하는지 알려주어야 합니다. 우리의 죄는 많지만 그 문제의 뿌리는 바로 자아, 곧 자신의 뜻대로 살려는 의지입니다.

그 처방은 죄와 자아로부터 그리스도께로 결단하고 돌아서는 것입니다. 그리고 그렇게 할 때에 그리스도께서 우리를 죄에서

회 개

용서해 주셨다는 사죄의 확신을 주십니다. 그것이 바로 그분이 오셔서 이 세상에서 하시고자 했던 일입니다. 주 예수께서는 단지 먼 훗날에 있을 영원한 형벌에서 우리를 구원하러 오신 것만이 아닙니다. 지금 현재의 죄책감으로부터 우리를 자유케 하러 오신 것입니다! "이름을 예수라 하라 이는 그가 자기 백성을 저희 죄에서 구원할 자이심이라"(마 1:21).

어린이들에게 그들의 죄의 습관을 하루 아침에 모두 내어버리라고 요구할 수는 없겠지요. 하지만, 기꺼이 그 죄의 습관들을 버리기 위해 노력하라고 요구해야 합니다. 우리는 어린이들이 그들의 죄에 대해 통회하는 마음, 죄로부터 단호히 돌아서려는 마음이 필요함을 강조해야 합니다.

진정으로 죄를 깨닫고 참회개를 한 증거가 나타날 때 얼마나 기쁩니까!

한 어린 소녀가 집회 후에 내게 와서 말했습니다.

"저는 예수님께 나의 마음 속으로 들어와 달라고 간구했습니다. 그리고 저는 죄를 짓지 않도록 최선을 다하겠다고 결심했습니다."

또 어떤 아이는 편지로 이렇게 써 보내 왔습니다.

"저는 마음내키는 대로 나쁜 말을 하고 때때로 어머니 말씀에 바로 순종하지 않았습니다. 선생님이 저에게 새생활을 하도록 인도해 주셨습니다. 선생님의 말씀을 듣고 '다시는 이런 일을 하지 말아야지'라고 결심하게 되었습니다."

 어린이들이 회개를 하려면 먼저 자신의 죄를 깨달아야 합니다. 자신이 죄인이며, 그러므로 구세주가 필요함을 인식해야 합니다. 우리가 그들에게 하나님의 거룩한 말씀을 전해줄 때, 성령께서 그들의 죄를 깨닫게 해주십니다. "율법으로는 죄를 깨달음이니라"(롬 3 : 20).

 율법을 지키는 것으로 구원을 받을 수 있는 자는 아무도 없다고 성경은 명백히 증거하고 있습니다. 그렇기는 하지만 이 율법은 한 영혼을 그리스도께로 인도하는 데에는 없어서는 안될 필수적인 요소입니다. 그것은 사람이 죄인임을, 그래서 형벌을 받아야 하는 운명이므로 구원자를 절대적으로 필요로 하는 존재라는 사실을 깨닫게 합니다. 바울은 "율법이 우리를 그리스도에게로 인도하는 몽학선생이 되어 우리로 하여금 믿음으로 말미암아 의롭다 함을 얻게 하려 함이니라"(갈 3 : 24)라고 했습니다.

 어린이들이 그리스도께로 회개하며 나아오기를 기대하신다면 하나님의 거룩한 율법, 특히 십계명을 그들에게 설명해 주십시오. 그들에게 죄가 과연 무엇인지 하나하나 가르쳐 줄 때 성령께서 그들의 마음에서 역사하시도록 기도하면서 간절히 의지하십시

회 개

오. 그리고 나서 그들의 죄를 위해 죽으신 구세주 예수님에 대해 전해 주시면 됩니다.

매년 열리는 우리의 여름 캠프에서 그때까지 구원받지 못한 아이들이 언제 그리스도를 영접하게 될지 저는 아주 정확히 예측할 수 있습니다. 언제냐구요? 바로 제가 십계명에 대해 설교하는 밤입니다.

얼마 전에 7살 된 한 소년에게서 편지를 받았습니다. 그것은 단순 명료하며 직설적인 걸작이었습니다.

> 친애하는 선생님,
> 저는 선생님이 다시 방문해 주셔서 설교해 주시기 바랍니다.
> 그리고 저는 도적질하지 말라는 것을 배웠습니다.
> 드웨인 올림

우리는 어린이들이 다음과 같은 죄의 결과를 깨닫도록 가르쳐야 합니다.

죄는 우리 자신에게 사망의 고통을 가져다 줍니다

우리는 죄 때문에 하나님으로부터 분리되었으며 죽음을 선고 받았습니다. 죄의 삯은 사망이라고 성경은 증거합니다(롬 6 :

> 그리스도의 나라에 들어가려면
> 자아는 마음의 왕좌에서 내려오고
> 그리스도께서 왕으로 좌정하시도록
> 해야 한다.

23). 죄를 지었다고 곧바로 그 자리에서 사망하지는 않지요. 그러나 사망의 고통은 계속 엄습합니다. 그러다가 결국 사망하는 것입니다.

물론 형벌에 대한 두려움이 그리스도께로 돌아오게 하는 가장 큰 동기는 아닙니다. 그러나 상당한 영향을 미치는 원인이 되므로 절대로 경시되어서는 안됩니다. 하나님께서 분명히 죄를 심판하신다고 말씀하셨습니다. 그러므로 하나님께서 은혜로 베푸신 용서와 구원을 거절하고 계속 죄를 지으면 그 결과 사망의 고통을 느끼게 되며, 결국에는 죽을 수밖에 없다는 것을 경고해 주어야 합니다.

죄는 다른 사람에게까지 고통을 줍니다.

우리 중 자신의 죄로 말미암아 다른 사람이 슬픔을 당하며 근심하는 것을 보고 죄책감으로 고통을 느끼지 않을 사람이 과연 얼마나 있겠습니까? 방탕한 아들이 이런 저런 모든 일에 실패하고는 몹쓸 자신 때문에 흘리는 어머니의 눈물을 기억하고 주님께로 돌아오는 경우가 종종 있습니다.

죄는 하나님의 마음을 아프게 합니다.

어린이들이 이 사실을 꼭 깨달을 필요가 있습니다. 죄가 하나

회　개

님의 마음을 아프게 한다는 것을 가르쳐야 합니다. 우리는 하나님의 법을 어겼습니다.

　그러나 그보다 더욱 중요한 사실은 우리가 죄를 지어서 그분의 마음을 아프게 했다는 것입니다(어린이들에게 죄를 충분히 인식시키기 위해서는 이 사실을 가장 깊숙이 그리고 충분히 다루는 것이 효과적입니다).

　우리 모두 탕자의 이야기를 잘 압니다. 우리의 관심은 주로 그 아들에게 있는 경우가 대부분이지요. 그러나 그 이야기의 핵심은 그 아버지와 그의 위대한 사랑에 있습니다. 이것은 탕자들에 대한 "하나님의 사랑"을 감동적으로 그리고 있는 사랑의 이야기입니다. 우리가 그 큰 사랑에 대항해 얼마나 많은 죄를 지었는가를 깨닫는 것이 우리를 회개하도록 하는 감동적인 동기가 됩니다.

　어느 날 집회 후에 3명의 소녀가 제게 상담하러 왔습니다. 그 중 한 명이 말했습니다.

　"선생님, 저희는 선생님과 잠시 대화를 나누고 싶습니다."

　"좋아요, 무슨 이야기인데요?"

　"저는 남을 저주하기도 했고 나쁜 말도 많이 했어요. 그러면서 사실은 어느 정도는 그런 말을 해도 괜찮다고 스스로 생각했었는데, 오늘 저는 하나님께서 그것을 미워하시고 굉장히 마음 아파하신다는 것을 깨달았어요. 그래서 주님께 날 용서해 주시기를 기도하고 싶습니다."

다른 두 소녀들도 같은 마음이라고 말했습니다. 세 명의 소녀는 그날 모두 그리스도께로 돌아왔습니다.

그 다음 집회 때 그 이야기를 어린이들에게 들려주었습니다. 그러자 내가 자동차 쪽으로 걸어 가고 있는데 네 명의 소녀가 다가와서는 "우리는 네 명이라는 것만 다를 뿐 그 세 명의 소녀들과 똑같아요."라고 고백하는 것이었습니다.

이 사건 이후로 나는 종종 설교 중에 그 세 소녀에 관한 간증을 들려주었습니다. 그러자 아주 많은 어린이들이, 심지어 아주 나이 어린 아이들까지도 설교 후에 내게 와서 자기네들 역시 나쁜 말을 하는 죄를 지었다고 고백했습니다.

이 경험을 통해 나는 소중한 원리를 발견했습니다. 다른 어린이들이 "죄"라고 당신에게 고백했던 것들을 들려주는 것이 어린이들로 하여금 스스로 죄를 깨닫게 하는 좋은 방법이라는 것입니다. 어린이들이 자기 친구들의 이야기를 전해 들을 때, 성령님께서 그들 역시 똑같은 죄가 있음을 깨닫게 해주십니다.

때때로 어린이들이 보통이 넘는 죄를 고백하기도 합니다. 그러나 당신에게 고백하는 죄가 어떠한 것이 되든 항상 이해하도록

회 개

애쓰십시오. 결단코, 그들를 비웃지 마십시오.

다른 어린이들이 죄라고 당신에게 고백했던 것들을 들려주는 것이 어린이들에게 자신의 죄를 깨닫게 하는 좋은 방법입니다.

한 집회에서 어떤 어린 소녀가 자신의 안경을 깨뜨렸던 죄를 고백했습니다.
"나는 안경을 열한 번 망가뜨렸는데요, 앞으로는 더 이상 그런 짓을 하지 않겠어요!"
나는 놀라서 그녀에게 물었습니다.
"열한 번씩이나 안경을 깨뜨렸다고? 어떻게 깨뜨렸지?"
"그것들을 도로에 모두 내팽개쳐서 부셔 버렸어요."
"왜 그랬지?"
"모두가 나를 '네눈박이'라고 부르잖아요. 그런데 지금 예수님을 나의 구세주로 모셨어요. 그래서 이제 더 이상 안경을 부숴뜨리지 않을 거예요."
이 소녀의 외부적인 죄는 그녀 자신의 안경을 깨뜨린다는 것이었습니다. 그러나 그녀의 내면 속 깊이 감추인 죄는 자만심과 분노와 원망이었습니다. 그녀가 회개했을 때 그녀의 내면의 태도가 달라졌고, 따라서 그의 외적인 행동에 있어서도 그에 부합

> 다른 어린이들이 "죄"라고 당신에게 고백했던 것들을 들려주는 것은 어린이들로 하여금 스스로 죄를 깨닫게 하는 좋은 방법이다.

하는 변화가 일어난 것입니다.

회개는 구원에 있어 필수적 요소입니다. 우리는 그것을 간과해서는 절대 안됩니다. 성경은 말합니다. "이제는 어디든지 사람을 다 명하사 회개하라 하셨으니"(행 17:30).

토저(A. W. Tozer)는 말했습니다.

"수많은 사람들이 먼저 회개함 없이 믿으려 합니다. 그들의 삶을 하나님의 법에 도덕적으로 일치시키려는 소원도 없이 믿음을 갖기를 애씁니다. 그러나 회개하고 믿는 것이 올바른 순서입니다. 믿음은 회개한 후에 뒤따라 오는 것이며, 이런 사람만이 진정 구원을 얻게 될 것입니다."

스코틀랜드에서 있었던 제임스 스튜어트(James Stewart)의 전도 집회에서, 그는 청중들에게 누구든지 구원받는 것에 관심이 있다면 앞으로 나오라고 초청했습니다. 즉시 열네 살의 어린 소녀가 앞으로 나왔습니다. 그가 물었습니다.

"왜 당신은 그리스도를 당신의 구주로 모시기를 원합니까? 왜 구원받기를 원하시죠?"

그러자 수정처럼 맑고 명확한 대답이 그녀에게서 나왔습니다.

"선생님, 저는 죄인의 삶을 더 이상 살고 싶지 않습니다."

정말 최고의 답변이 아닐 수 없습니다.

6
구원 — 믿음으로 받는 선물

어린이가 자신이 죄인임을 알고 그 죄로부터 돌아서고자 원할 때, 바로 그 때에 그는 주 예수님이 자기를 구원해 주신다는 놀라운 소식을 기쁨으로 받아들이게 됩니다. 여기서 구원에 이르는 믿음이 생기게 됩니다.

구원에 이르는 믿음이란 무엇입니까?

구원에 이르는 믿음이란 예수 그리스도의 인격과 그 모든 사역을 믿는 것을 말합니다.

이 믿음으로 말미암아 우리는 살아계신 구세주와 생명력 있는 교제 관계를 시작하게 됩니다. 성경은 말합니다.

"우리는 그리스도의 동역자요……"(히 3 : 14 참조).

하나님은 우리의 외적 행위의 변화에만 관심이 있으신 것이 아닙니다. 우리들을 아들이신 예수님과의 살아있는 생명의 교제 관계 가운데로 인도하기를 원하십니다. 이것이 바로 구원입니다!

그렇다면 사람이 어떻게 예수 그리스도와 이러한 생명력 있는 교제 관계 안으로 들어갈 수 있을까요? "믿음"과 "영접함"으로 가능합니다.

성경은 "주 예수를 믿으라"(행 16 : 31) 그리고 "그를 영접하라"(요 1 : 12)고 증거합니다. 그렇다면 그를 "믿는 것"과 "영접하는 것"은 무엇을 의미합니까?

주 예수 그리스도를 믿으십시오

"내가 어떻게 하여야 구원을 얻겠습니까?"라는 단도 직입적인 질문이 성경에 나옵니다. 그리고 다음은 이 질문에 대한 바울의 대답입니다.

"주 예수를 믿으라 그리하면……구원을 얻으리라"(행 16 : 31).

여기서 우리는 "믿는다"는 것이 무엇인지 이해하기 위해 아래의 이름이 의미하는 바를 알 필요가 있습니다.

주님

이 말은 모든 만물 위에서 다스리는 통치자를 지칭하는 왕권적

구원 – 믿음으로 받는 선물

이름입니다. 주님은 하늘과 땅의 모든 권세를 갖고 계시는 분입니다. 그분은 "만유의 주재"이십니다. 그러므로 그분을 주님으로 믿는 것은, 그분을 당신을 다스리는 주로 섬기며 당신의 삶의 전 영역을 그분께 의탁하고 순종하는 것을 의미합니다.

예수

이것은 그분의 인간으로서의 이름 – 영이나, 철수 같은 – 이며, 그 뜻은 "구원자"입니다. 예수님은 우리를 죄의 형벌에서 구원하기 위해 십자가에서 죽으셨습니다. 그분은 죄의 권세에서 우리를 구원하시기 위해 우리 속에 내주해 계십니다. 그리고 우리를 자신과 함께 있게 하시려고 우리를 데리러 다시 이 세상에 오시는 날에 우리는 죄의 권세로부터 영원히 구원될 것입니다.

그리스도

이것은 그분의 공식적인 직함입니다. 그 이름은 기름부음을 받은 사람이라는 뜻입니다. 그분은 하나님의 기름부음받은 왕이요 제사장이요 선지자이십니다. 성경은 하나님께서 예수님을 주와 그리스도가 되게 하셨다고 말하고 있습니다(행 2:36).

> 구원에 이르는 믿음이란
> 예수 그리스도의 인격과
> 그의 모든 사역을
> 믿는 것을 말한다.

그리고 영접하십시오

구원받기 위해서는 누구나 자신의 죄를 위해 그리스도께서 죽으셨다는 것을 믿어야 하며, 뿐만 아니라 그분을 자기의 개인적인 구세주로 영접하여야 합니다. 루스 팩슨(Ruth Paxon)은 "하나님의 자녀가 되기 위해서는 먼저 복음을 **믿어야** 하며 다음은 구세주를 **영접해야** 한다고." 말했습니다. 주 예수를 우리의 구주로 영접할 때, 우리는 영생의 선물을 받게 됩니다.

구원은 오직 한분, 주 예수 그리스도이십니다!

하나님께서 예수님을 우리의 구세주로 보내 주셨습니다. 요한복음 3장 16절에서 말씀하셨습니다.
"하나님이 세상을 이처럼 사랑하사 독생자를 주셨으니……."
그러나 그 독생자가 우리 개인의 구세주가 되기 위해서는 우리가 개인적으로 그분을 영접해야 합니다. 요한복음 1장 12절에서 "영접하는 자 곧 그 이름을 믿는 자들에게 하나님의 자녀가 되는 권세를 주셨으니"라고 말씀하십니다.

구원 – 믿음으로 받는 선물

그리스도를 "영접한다는 것"이 무슨 의미입니까?

그리스도를 영접한다는 것은 곧 그분을 당신의 구세주로 받아들이며 그분을 따르는 것을 말합니다. 예수님께서 말씀하셨습니다.

"내 양은 내 음성을 들으며 나는 저희를 알며 저희는 나를 따르느니라"(요 10 : 27).

어린이들은 "폭군"을 따르는 것이 무엇을 의미하며 "대중"을 따르는 것이 무엇인지도 알고 있습니다. 교사들은 그들로 하여금 "그리스도"를 따르는 것이 이들과 비교해 얼마나 더 좋은 것인가를 가르쳐 주어야 합니다.

우리는 또한 부활하신 능력의 그리스도를 증거해야 합니다. 그분은 죄와 죽음을 이기시고 영광 중에 부활하신 그리스도이십니다. 그분에게는 하늘과 땅의 모든 권세가 있습니다.

그는 하늘을 다스리며 주관하시는 주님이십니까?
예, 그렇습니다.
그는 세상을 다스리며 주관하시는 주님이십니까?
예, 그렇습니다.
그는 죽음을 다스리며 주관하시는 주님이십니까?

예, 그렇습니다.
그는 죄를 다스리며 주관하시는 주님이십니까?
예, 그렇습니다.

그리스도는 만유의 주인이십니다! 그러므로 우리가 그 분을 따르며 경배하고 섬기는 것이 마땅하지 않겠습니까?
그리스도를 영접한다는 것은 이런 크신 능력의 주님을 당신의 구주로 삼고 그를 따르는 것을 말합니다.

구원 - 믿음으로 받는 선물

구원을 선행으로 "얻을 수 있다"는 생각이 어린이들 마음속에 깊숙이 배어 있습니다. 거의 모든 어린이들이 구원은 행위로 말미암는다고 생각합니다. 이 점을 올바로 수정해 주어야 하며, 구원은 "하나님의 선물"임을 그들에게 가르쳐 주어야 합니다. 그리고 그 선물의 내용이 바로 주 예수 그리스도이심을 가르쳐 주어야 합니다. 하나님께서는 영광스럽게 부활하신 예수님을 우리의 구주로 주신 것입니다.
이제 설명할 선물에 대한 비유 설교는 구원이 거저 주어지는 하나님의 은혜의 선물이라는 사실을 어린이들에게 매우 효과적

구원 – 믿음으로 받는 선물

으로 잘 전달해 줍니다. 그러므로 어린이들은 구원이 값없이 거저 주어지는 것이지만 그것을 받아야 내것이 된다는 사실을 깨닫게 될 것입니다.

본문은 "너희가 그 은혜를 인하여 믿음으로 말미암아 구원을 얻었나니 이것이 너희에게서 난 것이 아니요 하나님의 선물이라"(엡 2 : 8)로 택하는 것이 좋습니다. 요한복음 3장 16절을 택할 수도 있습니다. 그리고 아주 예쁘게 포장지에 싼 선물 상자를 한 개 준비합니다.

다음은 설교 중에 사용할 비유적인 표현만 요약하여 보았습니다. 이것을 참고로 응용하시기 바랍니다.

교 사 : 오늘 선생님이 여러분에게 아주 좋은 선물 한 가지를 준비했어요. 그런데 이 선물은 거저(공짜)입니다. 누구든지 이 선물을 갖기를 원하는 사람에게 주려고 합니다. 그럼 이 선물을 받고 싶은 어린이는 손들어 보세요. (손든 어린이를 불러내어 실제로 선물을 거저 준다. 그리고 나서 이제는 일부러 그 어린이와 선물을 주어도 끝까지 받지 않고 완강히 거절하는 태도를 다른 어린이들 보는 앞에서 연기하도록 약속한다.)

> 선물이 아무리 거저 주는 좋은 것이라도,
> 그것을 갖기를 거부하면
> 자신의 것이 될 수가 없다.
> 구원은
> 하나님의 선물이다.

교 사 : 자 이 선물은 거저 주는 것이니 받아요.

어린이 : 싫어요.

교 사 : 거저 주는 것인데? 그냥 받기만 하면 돼요.(다가선다)

어린이 : (몸을 빼면서)그래도 싫어요.

교 사 : 이것 참 좋은 선물이야. 네게 꼭 필요한 것이니 받아 두렴. 그리고 선생님은 아무 대가도 바라지 않아요. 이 선물 받고 나서 나중에 나에게 짜장면 같은 것 안 사 줘도 돼. 정말 거저 주는 것이니 꼭 받아 두렴.

어린이 : 싫다는데 왜 이래요? 어휴 귀찮아.

(교사와 어린이는 선물을 가지고 서로 밀치면서 몸싸움까지 한다.)

교 사 : 지금 선생님이 여러분에게 선물을 한 가지 준다면 여러분이 그 값을 제게 지불해야 합니까? 아닙니다. 왜냐하면 선물은 거저 주는 것이기 때문입니다. 뭔가 대가를 바라고 주는 것은 선물이 아닙니다.

그런데 그 선물을 내것으로 만들기 위해서는 그 전에 한 가지 꼭 해야 할 일이 있습니다. 그것은 선물을 **받아야 한다**는 것입니다. 그렇습니다. 받아야 그 선물이 자기의 것이 됩니다.

그런데 아무리 좋은 선물도 그것을 갖지 않으려는

구원 – 믿음으로 받는 선물

사람들이 있습니다. 아무리 간절하게, 정말 영원히 필요한 선물이니 가지라고 해도 끝까지 받기를 완강하게 거부하는 사람들이 있습니다. 그러면 어쩔 수 없지요. 선물이 아무리 거저 주는 좋은 것이라도 그것을 갖기를 거부한 사람은 그것을 받을 수 없는 것입니다.

오늘 성경 본문에 "구원은 하나님의 선물"이라고 했습니다. 이것은 하나님께서 아무런 대가를 바라지 않고 우리에게 거저 주신 것입니다. 하나님은 인간 모두가 거저 주시는 이 구원의 선물을 받기를 바라고 계시지만 오늘도 그것을 받기를 끝까지 거부하는 사람들이 있습니다. (다 눈을 잠시 감게 하고 구원에 관한 은은한 피아노 반주를 미리 부탁하여 결신의 시간 또는 초청의 시간을 가진다.)

오늘 이 시간 우리 어린이들 가운데 이미 구원을 선물로 받은 어린이는 손들어 보세요. 그러나 이 시간 우리 어린이들 가운데 아직 이 구원의 선물을 받지 못한 어린이도 있을 것입니다. 그중에 이 거저 주신 선물을 받고 싶은 어린이들은 손들어 보세요. 손든 어린이들은 앞으로 나오세요. 그리고 이 기도를 따라 하세요.

사랑의 예수님

저는 죄인입니다.
저는 예수님을 거부하고 살았습니다.
이제 저를 십자가의 보혈로 용서해 주시고
구원의 선물을 제게 주십시오.
누구든지 믿고 회개하는 자는 구원을 얻는 줄 믿습니다.
이 시간 주님을 제 마음 속에 구주로 모셔들입니다.
이제부터 저를 떠나지 마시고
항상 저와 동행해 주세요.
예수님 이름으로 기도드립니다. 아멘.
교　사 : 이제 주님을 영접하고 구원을 선물로 받은 어린이들을 위해 격려하고 하나님께 영광돌리는 박수를 힘차게 하나님께 드립시다.

　아직 한번도 전도와 결신의 초청을 해 보지 못하신 교사나 사역자들은 꼭 전도와 결신의 초청을 해 보시고 또한 그것을 연습하십시오. 그저 마음속으로 믿고 결신하는 것보다는 많은 회중들 앞에 걸어나와 하나님께 기도하고 결신하는 것이 훨씬 더 참 열매를 맺을 수 있습니다. 그리고 그것을 지켜보는 많은 어린이들과 교사들에게도 성령의 감동하심과 임재하심을 느끼게 하여 진

구원 – 믿음으로 받는 선물

심어린 예배를 드리게 될 것입니다.

어린이들이 그리스도께로 나오도록 돕는 데 있어서 계속해서 다음 사항들을 명심하시고 양육하십시오.

1. 어린이 개개인이 자신의 죄를 알고 슬퍼하며 그 죄들로부터 돌아서려는 진정으로 회개하는 마음을 갖도록 해야 합니다.
2. 어린이 스스로가 자신의 죄의 대가를 치르기 위해 예수님께서 죽으셨음을 믿어야 합니다.
3. 그리고 예수님을 영접한 이후에도 주님으로 계속 섬겨야 합니다.

종종 우리가 구원받고 예수님을 섬길 때, 우리가 주님을 위해 무엇을 해야 하는지 생각할 때 우리가 해야 할 최소한의 것에만 관심을 두고 가르치는 경향이 있습니다. 물론 그러한 "최소한의 지켜야 할 신앙"으로도 그 사람이 구원을 받을 수는 있습니다.

그러나 분명한 것은, 그런 최소한의 조건으로는 기쁨이 충만하고 열매가 풍성한 그리스도인을 만들지는 못한다는 것입니다. 어린이들을 "최대한 지켜야 할 신앙의 조건" – 처음부터 그들의 삶을 기쁨과 충만함으로 그리스도께 헌신하고, 교회를 위해 충성스럽게 봉사하는 것 – 으로 인도하는 것을 당신의 목표로

> 최소한의 신앙으로도
> 구원을 받을 수는 있다.
> 그러나
> 그것으로는 기쁨이 충만하고 열매가 풍성한
> 그리스도인을 만들지 못한다.

삼으십시오. 그 얼마나 훌륭한 일이겠습니까!
 주님은 존귀하십니다. 우리가 소유한 모든 것과 우리의 존재 전부를 드려 최대한의 섬김을 받으시기에 합당하신 분이십니다!

2부
어린이 전도 방법론

앞서 제1부에서는 우리가 어린이를 전도해야 하는 이유에 대해서 살펴보았습니다. 이제 제2부에서는 어떻게 하면 어린이를 보다 효과적으로 전도할 수 있는지 그 방법에 대해서 살펴보도록 하겠습니다.

> 당신의 도구를 잘 준비하고 계십시오. 그러면 하나님께서 언제든지 당신을 사용하실 것입니다.

끔찍한 자동차 충돌 사고가 있었습니다. 많은 사람들이 다쳐서 피를 흘리고 있었으며 몇 명은 이미 죽어 있었습니다. 고통과 고뇌의 울음소리가 처처에서 들려왔습니다. 그때 한 사람이 소리쳤습니다.
"여기 근처에 의사 선생님 안 계십니까?"
마침 의사 한 사람이 그 소리를 듣고 달려왔습니다. 그러나 그는 다쳐서 피를 흘리며 울부짖는 사람들을 보고 이렇게 말하며 한숨만 쉬고 있었습니다.
 "오, 만약 지금 내가 의료 기구만 지금 갖고 있다면…… 의료 기구만 있다면……."

 유능한 의사가 효과적으로 치료를 하기 위해서는 적합한 의료 기구들이 필요합니다. 그렇다면 상처난 영혼을 치료하는 영적 의사인 교사들에게는 더더욱 효과적인 치료를 위해 맨손보다는 도구가 필요하지 않겠습니까?
 우리는 어린이들을 효과적으로 전도하기 위해 얼마나 많은 관심과 노력을 기울이고 있습니까? 진정으로 관심과 노력을 쏟기를 원하는 교사들은 효과적인 "도구"들을 연구하고 개발하십시오.

7
하나님의 말씀—
어떻게
가르칠 것인가?

예수 그리스도는
우리의 구원자요 주님이실 뿐 아니라
완벽한 교사로서 우리의 모범이 되십니다.

이것을 성경에서 니고데모가 잘 표현하고 있습니다. "우리가 당신은 하나님께로서 오신 선생인 줄 아나이다"(요 3 : 2).

주 예수 그리스도는 모든 진리를 아실 뿐 아니라 그분 자신이 진리 자체가 되십니다. 인간의 마음을 아실 뿐 아니라 그것을 창조하신 분이십니다. 사람들이 그에 대해 "그 사람의 말하는 것처럼 말한 사람은 이때까지 없었나이다"(요 7 : 46)라고 말했던 것도 전혀 놀랄 일이 아닙니다.

그러면 예수님의 교수법은 무엇입니까? 그것은 다음 세 단계로 요약될 수 있습니다.

(1) 진리를 선포하셨습니다.
(2) 진리를 예화를 들어 설명하셨습니다.
(3) 진리를 적용시키셨습니다.

마태복음 6장 25절부터 34절에 나타나 있는 "염려"에 대한 우리의 가장 훌륭한 선생님의 교훈 방법을 공부해 봅시다. 여기서 우리는 예수님의 가장 위대하고 가장 아름다운 설교 한 편을 들을 수 있습니다. 먼저, 예수님은 하나님의 자녀가 "무엇을 먹을까, 무엇을 마실까, 무엇을 입을까" 염려해서는 안 된다는 위대한 진리를 **선포**하셨습니다.

그 다음, 세 가지 놀랍도록 단순한 **예화**—공중에 나는 새, 사람의 키, 그리고 들판의 꽃—를 들어 자신의 메시지를 **설명**하셨습니다.

그리고 나서 그 진리를 들은 자들의 양심에 **적용**시키셨습니다.

그러면 실제로 우리 주님의 위대한 교수법을 자세히 한번 분석해 봅시다.

진리를 선포하십시오

주 예수님이 사용하신 방법에 따라 우리는 먼저 가능한 한 간단 명료하게 진리를 선포해야 합니다. 요한복음 3장 16절처럼 친숙한 성경 말씀을 정해서 그것이 내포하고 있는 진리를 요약해 보십시오.

하나님은 사랑이십니다.
하나님께서 세상을 너무 사랑하셨습니다.
그래서 우리에게 하나님의 아들을 선물로 주셨습니다.
하나님께서 예수님을 우리의 구세주로 주셨습니다.
우리는 구세주가 가장 필요했기 때문에 우리에게 구세주를 주셨습니다.
누구나 그를 믿고 구원받을 수 있습니다.
그를 믿지 않는다면 우리는 멸망받을 것입니다.
그러나 그를 믿는 자는 누구나 영원한 생명을 얻습니다.

그 다음, 그 진리를 예화를 들어 설명하십시오

주님은 진리를 선포하신 후에 청중들이 그 의미를 명확히 이해하도록 예화를 들어 설명하셨습니다.

"예화로 설명한다"(illustrate)라는 말은 "안에"(in)'라는 단어와 "비춘다"(lustro)라는 의미의 라틴어에서 유래되었습니다.

우리 선생님은 참 재미있어요

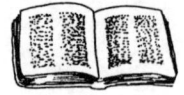

이 사실은 예화가 무엇을 의미하는지 명확하게 말해 주고 있습니다. 그것은 빛으로 그 속을 비추는 것입니다. 그래서 그 속 의미를 쉽게 깨닫도록 하는 것입니다.

낯선 진리를 가르칠 때에는 그 참 의미를 분명하게 드러낼 수 있는 친숙한 진리의 예화를 사용하는 것이 도움이 될 것입니다. 어린이 설교에 사용하는 예화들은 단순해야 하며 이해하기 쉬워야 합니다. 그리고 어린이들과 관련된 것이어야 합니다.

어떤 상황에서는 또 다른 "특별한" 교수법이 사용될 수 있습니다. 진리를 연극화하는 것입니다. 구약 시대에 하나님께서는 여러 번 선지자들로 하여금 연극 배우처럼 눕게 하거나 맨발로 다니도록 하면서 시청각적으로 이스라엘 백성들의 마음에 생생하게 남을 만큼 감명을 주는 예언을 하게 하셨습니다.

예수님께서도 회개에 대해 가르치실 때 냉철한 신학적인 논리로 설명하시지 않았습니다. 그 대신 이야기 두 편을 들려주셨습니다. 하나는 탕자의 이야기이고, 다른 하나는 두 아들을 두고 있는 아버지의 이야기(마 21 : 28-32)입니다.

얼마 전 나는 사랑하는 한 선교사의 가정을 방문하게 되었습니다. 이 선교사는 나의 어린이 설교에서 회개가 더 강하게 강조될 필요가 있다고 조언했습니다. 늦은 시간이라 졸음이 왔지만,

하나님의 말씀 – 어떻게 가르칠 것인가?

> 예수님은
> 냉철한 신학적인 논리로 설명하지 않으셨다.
> 그 대신
> 이야기를 들려주셨다.

일단 그가 설교를 시작하자 조금도 졸리지 않는 것이었습니다. 어떻게 했는가 하면, 그가 목소리를 바꾸어 가며 이야기를 아주 감동적으로 연극화한 것이었습니다.

그 친구는, "가겠습니다"라고 말했으나 가지 않았던 그 아들에 대한 아버지의 실망에 대해 진짜 실망이 느껴지도록 이야기했습니다. 그리고 나서 둘째 아들이 "가지 않겠습니다"라고 말했을 때 그의 아버지가 받은 마음의 상처에 대해서도 아픔이 저절로 느껴지도록 말했습니다. 그 아버지의 마음에 받은 상처에 대해 설명할 때 그는 자신의 머리를 떨구고 오른손을 가슴에 얹으면서, 그리고 천천히 걸어나감으로써 연극화시켰습니다.

그날 밤 하나님의 마음을 아프게 하는 죄의 모습은 전에 없이 나에게 감명을 주었습니다. 그리고 오늘날까지 그 장면은 내 마음에 생생히 남아 있습니다. 왜 그럴까요? 그 진리가 단순히 말로써만 전해진 것이 아니라 연극화되어서 제 눈과 귀와 마음에 와 닿았었기 때문입니다.

마지막으로, 그 진리를 적용시키십시오

하나님의 말씀을 가르치는 목적은, 그 말씀을 생활 속에서 실천하도록 굳게 결심하도록 하는 것이지, 지식을 배워서 그것으로

우리 선생님은 참 재미있어요

마음을 만족하게 하려는 것만은 아닙니다. 한 세일즈맨이 판매 전략을 발표했다고 합시다. 그러나 그가 실제 매상고를 올리지 못했다면 그는 실패한 것입니다. 그러므로 여러분은 어린이들이 교회를 떠나 실제 생활에서 적용할 수 있는 구체적인 지침들을 상세히 몇 가지만 일러 주십시오.

어린이들이 구원받기를 원합니까? 그러자면 **"그들을 그물 안으로 끌어들여야 합니다."** 결코 어린이들에게 강요해서는 안 되지만, 그들이 그리스도를 영접해야지 그렇지 않으면 영원히 버림받는다는 진리를 사랑으로 부드럽게 설명하면서도 분명하게 주지시켜 주어야 합니다.

종종 사랑의 초대가 필요합니다.

"어린이 여러분, 구원받기 위해서 바로 지금 주 예수님을 여러분 각자의 구주로 모시고 싶지 않습니까?"라고 하면서 우리의 목적인 구원의 그물로 어린 물고기들을 몰아가야 합니다.

효과적인 가르침을 위한 제안

1. 집회에 일찍 도착하십시오

이렇게 해야 당신이 처음부터 주도권을 잡고 분위기를 잘 통제할 수 있게 됩니다. 큰 집회를 위해서는 적어도 30분 전에 도착해야 합니다. 이렇게 해야 주위를 차분히 살펴볼 기회가 생기며, 당신이 원하는 대로 전도 도구들을 정리해 둘 수 있게 됩니다.

2. 작은 어린이들을 앞자리에 앉게 하십시오.

청중 가운데 어른들이 있다면 그들은 뒤로 옮기도록 해서 모든 어린이들이 앞에 앉도록 하십시오. 당신과 어린이 사이에 공간이 너무 많으면 그다지 효과적이지 않습니다. 설교자의 목만 보이게 하는 강대상은 치우고, 어린이들이 설교자의 온 몸과 동작 하나 하나를 지켜볼 수 있도록 하는 것도 그들의 집중력을 향상시키는 좋은 방법이니 참고하시기 바랍니다.

3. 어린이들에게 해도 되는 것과 해서는 안 되는 것을 미리 말해 두십시오.

설교를 시작하기에 앞서 기본 규칙들을 두세 가지만 미리 약속해 두십시오. (예, 내가 말하고 있을 때는 어느 누구도 말해서는 안 됩니다. 또는 설교 중에 자리를 이동해서는 안 됩니다 등등)

4. 짧은 응답을 활용하십시오.

어린이들이 큰소리로 질문들에 대답하게 하십시오. 영리한 학

급을 만드는 길은 당신이 질문하기 전에 미리 그 대답을 주는 것입니다. 예를 들어,

교　사 : 믿음은 무엇일까요? 믿음은 하나님을 믿는 것입니다. 이제 다함께 말해 봅시다.
어린이 : "**믿음은 하나님을 믿는 것입니다.**"(교사가 같이)
교　사 : 믿음이 무엇이죠?
어린이 : "**믿음은 하나님을 믿는 것입니다.**"
　　　　(진한 부분만 교사가 같이)
교　사 : 훌륭해요! 다시 한번 더 대답해 볼까요?
교　사 : 믿음이 무엇이죠?
어린이 : "믿음은 하나님을 믿는 것입니다."(어린이만 같이, 남자 어린이만, 6학년 어린이만 따로 시킬 수도 있습니다.)

5. 당신의 프로그램 사이 사이에 휴식 시간을 정해 두십시오.
　아이들의 주의 집중 시간은 연이은 강의에 비해 턱없이 짧습니다. 주의를 집중시키기 위해 쉬는 시간—노래 또는 이야기—을 자주 사용하십시오. 그리고 시청각 자료를 사용하게 되면 집중 시간을 두배, 또는 세배로 늘릴 수 있습니다.

하나님의 말씀 – 어떻게 가르칠 것인가?

> 최고의 교수 도구는
> 자신이 가르치는
> 내용을 지키고 확신하는
> 교사 자신이다.

6. 가능한 한 많은 "시청각 자료"를 활용하십시오.

우리는 보면서, 들으면서, 또한 말해 보면서, 그리고 실제로 역할을 해 보면서 배웁니다. '청각', '시각', '입술' 그리고 '행동'을 활용하십시오.

7. 당신이 다루는 주제를 알고 사랑하십시오.

가장 최고의 교수 도구는 자신이 가르치는 내용을 지키고 확신하는 교사 자신입니다. 현대 신학은 의사 소통에 필요하고 가르치는 일에 필요한 많은 유용하고 가치있는 도구들을 제공해 주었습니다. 그러나 하나님의 성령의 능력 가운데서 하나님의 말씀을 가르치는 것을 대치할 만한 도구는 아무것도 없으며, 앞으로도 없을 것입니다.

8
우리 선생님은 참 재미있어요

대부분의 어린이들이 노래부르는 것을 무척 좋아합니다. 그래서 어린이 집회를 시작할 때 신나는 찬송을 함께 목청껏 부르는 것은 아이들을 집중시키는 좋은 방법이 됩니다.

모든 어린이들이 자신의 역할을 갖고 싶어합니다. 그래서 어떤 일을 시작할 때 처음부터 참여하고 싶어하며, 반대로 구경하는 것을 지루해 합니다.

음악은 어린이들에게 성경의 진리를 가르치는 데 훌륭한 방법 중의 하나입니다. 성경 말씀이 노래의 가사가 될 때에는 특히 더 효과적입니다.

설교를 시작할 때의 처음 몇 분이 결정적으로 중요합니다. 어린이들은 처음 3분 동안에 그날의 설교를 들을 것인가 말 것인가를 결정합니다.

훌륭한 시작을 위해 할 수 있는 몇 가지 것들을 제안하겠습니다. 이것들을 참조해서 항상 어린이들의 시선과 관심을 집중시킬 수 있는 여러분 나름대로의 방법들을 고안해 내십시오.

단, 설교 전에 한 가지 방법만 사용해야 합니다. 여러 가지를 하면 그것은 오락 시간이 될 것입니다.

손뼉 게임

어린이들은 평이하고 지루한 예배는 싫어합니다. 당신이 말할 때 아이들이 어떻게 반응할지 생각해 보셨습니까?

"으이그! 또 지겨운 설교 시간이 돌아왔군!"

그들을 당신 편이 되게 하는 방법 중 한 가지는, 짧고 간단한 게임으로 설교 혹은 분반공부를 시작하는 것입니다.

어린이들은 게임하는 것을 상당히 좋아하며, 재미있는 게임은 당신의 설교 시간에 그들의 마음을 열고 주의력을 집중시키는 데 상당한 도움이 됩니다.

여기 그들이 즐기는 게임이 있습니다. 나는 아이들을 다음과 같이 이끌어 갑니다.

오늘 설교를 하기 전에 여러분과 잠깐 게임을 해보도록 하겠습니다. 여러분, 모두 게임하는 것 아주 좋아하죠? 자, 그럼 여러분의 손을 이렇게 선생님처럼 해 보세요.

(손뼉을 칠 때처럼 양 손을 가슴 넓이만큼 벌린다.)

(살짝 옆으로 돌아서서 모든 어린이들에게 잘 보이도록

우리 선생님은 참 재미있어요

양손을 교차시킵니다. 그리고 양손이 교차되는 순간에 어린이들에게 일제히 손뼉을 한번 치게 합니다.)

(설교자는 계속 연속으로 교차시키다가 어느 순간 갑자기 교차 순간에 멈추어 버립니다. 그때 손뼉을 친 어린이들은 게임에서 진 것입니다. 이것을 서너 차례 반복해 보십시오.)

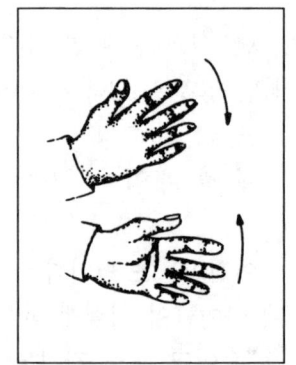

주의점

당신의 가르침을 유머스럽게 시작할 때 효과적입니다. 이로써 어린이들은 당신도 그들과 같은 사람이며, 그들과 함께 웃으며 즐기기를 원한다는 것을 알게 됩니다. 그러나 지나치게 길게 또는 유머에 치중하지는 마십시오. 보통 3분 정도가 적당합니다. 그리고 어린이들이 설교자에게 집중했을 때 막바로 설교를 시작하십시오. 그러나 설교는 진지하게 시작해야 합니다.

거룩한 예배에 게임을 해서는 안된다고 생각하시는 분도 계실 것입니다. 그러나 이것은 효과적인 설교를 위한 유용한 도구입니다. 실제로 한번 시도해 보시고 그 결과를 스스로 분석해 보시기 바랍니다. 그리고 스스로 유용한 게임, 또는 주의력을 집중

> 어린이는
> 설교 시작 처음 3분 동안에
> 그날의 설교를 들을 것인가 말 것인가
> 결정한다.

시키기 위한 방법들을 끊임없이 연구 및 개발해야 합니다.

예1. 받침마다 "ㅇ"붙여 루돌프 사슴코 부르기
"룽동풍 상승콩능 맹옹방짱잉능콩"
예2. 크리넥스 티슈 1장(또는 손수건)을 공중에 던졌다가 교사가 잡아채는 순간에 맞춰 모두 일제히 손뼉 한번 치기. 후에는 잡아채는 템포를 완급을 주어 조절합니다. 이것을 잘하기 위해서는 잡아채는 연습이 필요합니다. 일제히 박수 치는 시간에 박수를 치지 못하는 어린이가 지는 것입니다.

현대적 감각에 맞는 게임을 계속 개발하는 것이 꼭 필요합니다. 즉석에서 30분 동안 재미있는 게임을 인도할 수 있는 사람이 유능한 교사입니다.

"퐁당퐁당 돌을 던지자" 노래를 부르며 두 사람씩 짝지워 손뼉을 마주 치다가 가위, 바위, 보를 해서 상대방을 골려주는 게임도 어린이들이 깊이 빠져드는 놀이입니다. 이것을 성경적인 찬송에 적용시키는 노력이 필요합니다. 어린이는 어린이입니다. 유능한 교사가 되려면 어린이가 되십시오.

손가락 복음

또한 어린이들의 마음을 열어 복음을 깨닫게 하는 훌륭한 이야기가 있습니다. 이것은 복음을 명확히 설명해 주는 훌륭한 도구가 되기도 합니다. 교사가 먼저 "손가락 복음"을 전하시고 어린이가 따라 외우게 하십시오.

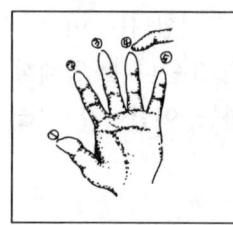

교　사 : 1. (당신의 왼손을 아이들을 향해 편다. 오른손의 검지를 사용하여 왼손의 손가락을 가리킨다. 엄지를 제외하고 왼손의 모든 손가락을 접는다.)

교　사 : 여러분, 이 손가락은 무엇을 가리키죠? 이것은 "넘버 원", 즉 최고를 가리키지요. 여러분, 성경에 나와 있는 최고의 이야기가 무엇인지 아세요? 우리가 성경에서 꼭 알아야 하고 기억해야 할 한 가지 으뜸되는 사실이 있어요. 그것은 하나님이 우리를 사랑하신다는 것입니다. 뭐라고요?

아이들 : "하나님이 우리를 사랑하신다는 것입니다."

교　사 : 자 여러분, 모두 선생님처럼 엄지손가락을 내밀며 외워 보세요!

아이들 : (엄지손가락을 내밀며) "하나님이 우리를 사랑하신다."

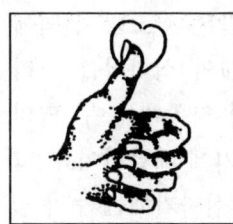
교 사 : 2. (검지를 펴서 어린이들을 향해 가리킨다.) 하나님은 우리를 사랑하십니다. 그러나 우리를 정죄하는 마귀는 항상 "쟤는 죄인입니다. 그래서 지옥에 보내야 돼요. 또 저 여자 어린이도 죄인입니다. 무슨 무슨 죄를 지었어요. 그래서 지옥에 보내야 돼요."라고 말한답니다.

그래요, 사실 우리는 죄인입니다. 모든 사람이 죄를 지었고, 죄가 없는 사람은 한 사람도 없지요. 그래서 모두 지옥에 가야 한답니다.

자, 이제 모두 둘째 손가락 검지를 펴서 자기를 가리키세요. 그리고 따라 말합니다. "나는 죄인이다. 그래서 지옥에 가야 한다."

아이들 : "나는 죄인이다. 그래서 지옥에 가야 한다."

우리 모두가 지옥에 가야 한다면 우리는 어떻게 해야 하나요? 큰일이죠? 그러나 하나님께서는 우리를 사랑하시므로 다음과 같은 놀라운 구원을 우리에게 베풀어 주셨어요.

우리 선생님은 참 재미있어요

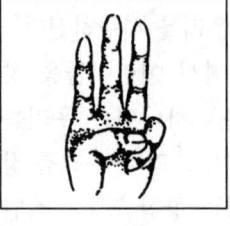

교 사 : 3. (가운데 세 손가락을 편다) 이 세 손가락은 골고다 언덕에 서 있던 세개의 십자가를 가리 킵니다. 여기 양쪽에는 두 명의 강도가 십자가에 매달렸어요. 그 러나 가운데 십자가에는 누가 달 렸을까요? (아이들 : "예수님이요.") 예, 맞았어요. 예 수님입니다.

(다시 엄지손가락만 펴고는) 우리가 성경에서 꼭 알아 야 할 한 가지 사실이 무엇이었죠?

아이들 : "하나님이 우리를 사랑하신다는 것이요."

교 사 : 그래요. 하나님은 우리를 너무나 사랑하셔서 아무도 사 탄의 정죄를 받아 (둘째 검지손가락을 펴서 아이들을 가리키면서) 지옥불에 떨어지는 것을 원하지 않으셨어 요. 그래서 친히 아들 예수님을 이 세상에 보내어 세상 사람들의 죄를 위해 대신해서 죽게 하셨어요. 자, 그럼 선생님을 따라 말해 보세요. "예수님이 나의 죄를 대신 하여 형벌받기 위해 십자가에서 돌아가셨다."

교 사 : 4. (왼손의 손가락 세 개를 펴고는 오른손으로 넷째 손 가락을가리킨다.) 그런데 강도들 중 1명은 이 사실

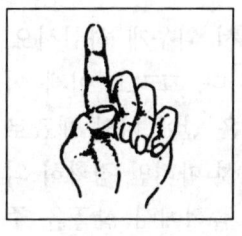
을 믿고서 예수님께 자신을 구원하여 달라고 십자가 위에서 간구했습니다. 그는 그 자리에서 예수님을 구세주로 마음에 믿고 영접하였고, 그래서 구원을 받고 천국에 갔어요. 우리가 네번째로 외울 말씀은 "강도도 예수님을 믿고 회개하여 구원을 받았다."입니다. 다같이 외워 봅니다.

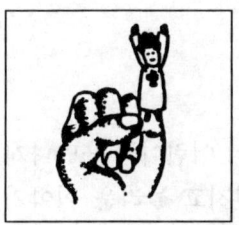
교 사 : 5. (마지막 새끼 손가락, 약지를 가리키며) 이 제일 작은 손가락은 바로 여러분같이 작은 어린이들을 가리켜요. 사람을 죽이고 괴롭히는 강도도 구원받았는데, 여러분 같은 어린이도 회개하고 예수님을 믿으면 구원 받을 수 있을까요? 없을까요?

아이들 : "있어요."

교 사 : 그러면 선생님을 따라 합니다. (약지를 가리키며) "나 같은 어린이도 예수님 믿고 회개하면 구원받고 영원한 생명을 얻는다."

자, 그럼 처음부터 다시 복습해 봅시다. 손가락을 꼽아 가면서

어린이들에게 다섯 가지 사실을 그 자리에서 외우게 하십시오. 선생님께서 외우면 어린이들이 따라 외웁니다. 그리고 이제 어린이들만 외우게 하고, 잘 외우는 어린이들은 앞에 나와 대표로 손가락을 접어 가며 "따옴표로 된" 위의 다섯 마디만 정확히 외우게 하십시오. 그리고 잘한 어린이에게는 즉석에서 상품을 주십시오.

참고사항

복음을 전할 때 열정적이 되십시오.

속으로 "나는 여기 오게 되어 기쁘다. 여러 어린이들을 만나게 되어 기쁘다. 나는 어린이들에게 전해줄 멋지고 놀라운 이야기 —어린이들의 삶을 변화시킬—를 가지고 있다. 그리고 "주님, 내가 주님을 의지합니다. 잘 감당하도록 도와주옵소서."라고 생각하고 있어야 합니다.

어린이들을 동참시키십시오.

그들이 당신 설교에 적극적으로 참여하도록 하십시오. 어떻게 하면 되겠습니까? 성경 공부나 공과 공부 시간에 끊임없이 대화법(문답법)을 사용하여 어린이들이 큰소리로 대답할 수 있도록 해야 합니다. 어린이들의 우렁찬 대답 소리는 예배 분위기를 크게 바꾸어 놓습니다.

내면의 안정을 유지하십시오.
약간 주위가 산만한 것에 너무 신경쓰지 마십시오. 산만하고 무례한 어린이 한두 명에게 흥분되어 내면의 평안을 잃는다면 마귀가 틈을 타게 됩니다. 특별히 산만한 어린이 한두 명이 예배 분위기를 파괴한다면 다른 교사가 재빨리 도와주어야 합니다.

충분히 크게 말하십시오.
당신의 말 소리가 잘 들려야 합니다. 가장 멀리 앉아 있는 어린이도 다 들을 수 있게 충분히 큰소리로 정확히 말해야 합니다. 큰 집회를 위해서는 무선 마이크를 들고 어린이 사이로 왔다 갔다 하는 것도 어린이들의 관심을 집중시킬 수 있는 좋은 방법입니다.

어린이들을 사랑하십시오.
당신이 어린이들에게 어떤 인상을 주는가는 상당히 중요합니다. 당신의 사랑을 느낄 때 그들은 더 놀라운 반응을 보이게 됩니다.

우리 선생님은 참 재미있어요

제 시간에 끝내십시오.

훌륭한 연설의 3가지 요소는 일어서서(stand up) 힘차게 말하다가(speak up) 정확한 시간에 끝내는(shut up) 것입니다.

해서는 안될 일

어린이들이 아직 어려서 모른다는 식의 무시하는 투의 말을 하지 마십시오. 그들도 지각 능력이 있습니다. 어린이들이 이해할 만한 말을 선택해서 하되, 그들을 성인과 같이 동등하게 대우해야 합니다. 때로는 그들이 우리보다 훌륭한 생각을 말하기도 합니다.

실수하는 것을 두려워하지 마십시오.

실수에 대한 두려움 때문에 어린이들을 주께로 인도하려는 시도조차 못하는 사람들이 있습니다. 실수하는 것이 두려워서 한 명의 아이도 주님께 인도하지 못하는 것보다, 실수를 많이 하더라도 한 명의 어린이라도 구원받도록 하는 것이 더욱 값진 일입니다.

어린이들을 지루하게 내버려두지 마십시오.

그들의 주의를 오랫동안 집중시킬 수 있는 방법을 배우십시오. 설교 중 흐트러진 주의를 다시 모으기 위해서 이야기를 들려준

우리 선생님은 참 재미있어요

> 실수하는 것이 두려워서
> 한 명의 아이도 주님께 인도하지 못하는 것보다,
> 실수를 많이 하더라도
> 한 명의 어린이를 구원받도록 하는 것이
> 더욱 값진 일이다.

다거나 예화를 사용하는 것도 좋은 방법이 됩니다.

어린이들을 협박하지 마십시오.

불합리한 훈련이나 효과 없는 훈련을 시키면서 그들의 삶이 변화되지 않는다고 몰아세우지 마십시오. 사랑과 인내로써 그들의 영적 성장을 도우십시오.

자기 비평가가 되십시오.

계속 자신이 하고 있는 것을 녹음이나 녹화를 해 두었다가 후에 다시 객관적으로 평가해 보십시오. 효과적인 교수법을 발견하면 그것을 집중적으로 계속 계발하십시오.

"비효과적인 무난함보다 효과를 거두는 별스러움이 더 훌륭할 때가 종종 있습니다."

9

전천후 시청각 자료

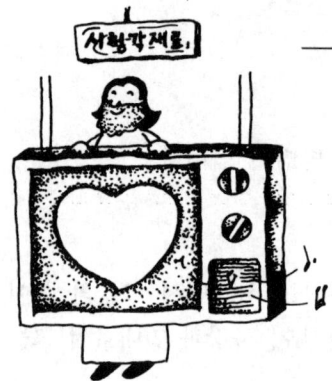

설교 내용 그림 그리기

아주 많은 어린이 사역자들이 시청각 자료를 사용하고 있습니다. 시청각 자료를 사용하는 데에는 그럴 만한 이유가 있습니다. 보통 우리는 들은 것은 10%만, 본 것은 약 50% 정도를 기억한다고 합니다. 그러나 동시에 보고 들은 것은 70% 이상을 기억할 수 있기 때문입니다.

아무리 좋은 설교라도 시청각 자료나 실물 학습 교재가 동반되지 않으면, 그들은 집중해서 듣지 못하므로 효과가 없이 끝나 버리고 마는 경우가 많습니다.

어린이 설교 및 공과 준비 시간은 내용 준비하고 기도하는 데 반, 그리고 시청각 교재 만들기에 나머지 반씩 배분하여야 합니다. 내가 준비한 설교 본문에 맞는 시청각 자료가 시중에 없는 것이 태반입니다. 그런 경우에는 큰 도화지를 사서 직접 그리셔야 합니다. 15분 설교에 그림 서너 컷만 있어도 충분합니다.

그림은 먼저 유성펜으로 밑그림을 그립니다. 연필로 그렸다가 덧씌우기를 하셔도 좋습니다. 그리고 색연필 등으로 엷게 색칠을 합니다. 이 그림을 멀리서 보면 훌륭한 작품이 됩니다. 크레용은 피하시고 가급적 12색 색연필로 좁은 빗금 치듯이 색칠하면 완성하는 데 시간이 많이 걸리지 않습니다.

어린이를 그릴 때에는 미리 만화책이나 어린이 보육용 교재에 나와 있는 모델을 보고 그리면 금방 예쁜 그림을 그릴 수 있습니다. 아브라함을 그릴 때에는 성경 동화책을 펴놓고 따라 그리십시오. 그런데 사람을 머리부터 발끝까지 다 그릴 필요는 없습니다. 머리 부분만 크게 그리십시오. 처음에는 힘이 듭니다. 그러나 몇 주간만 연습하면 금방 숙달이 됩니다.

글 없는 책

시청각 도구를 떠올릴 때마다 나는 "글 없는 책"이 가장 큰 효과를 올릴 수 있는 도구라고 생각합니다. 오직 주님만이 얼마나 많은 어린이들이 이 "글 없는 책"의 이야기를 통해

전천후 시청각 자료

주님께로 인도되었는지 아십니다.

그럼 "글 없는 책"이 무엇입니까? 이름이 말해 주듯이 글자가 전혀 없는 책이라는 것입니다. 단지 몇 가지 색상지로 만들어져 있는데, 각각의 색상지마다 구원의 메시지를 담고 있습니다.

금빛 색상지 – 하늘나라
검정 색상지 – 죄
빨간 색상지 – 그리스도의 피
흰색 색상지 – 깨끗한 마음
초록색 색상지 – 그리스도인의 성장

"글 없는 책"은 작은 주머니용(시내 기독교 서점에서 구입 가능)으로부터 융판 보드처럼 된 대형에 이르기까지 다양합니다. 이 "글 없는 책"으로 5가지의 메시지를 전해 줄 수 있습니다.

각 색상지마다 한 가지씩 5가지의 메시지를 전할 수도 있지만, 하나의 구원 메시지로 엮어서 요약할 수도 있습니다. 나는 어린이 집회에서 설교할 때 이것을 사용하는데, 어린이들을 결신시키는 데 최고라고 생각합니다. 시작은 이렇게 하십시오.

> 보통 우리는 들은 것은 10%만,
> 그리고 본 것은 약 50% 정도를
> 기억한다고 한다. 그러나
> 동시에 보고 들은 것은 70% 이상을
> 기억할 수 있다.

교 사 : 어린이 여러분, 글 없는 책에 대해 들어본 적이 있나요? 나는 이 책을 "글 없는 책"이라고 부르는데, 그 이유는 이 책에 아무런 글씨도 쓰여져 있지 않기 때문이죠! 그러나 각 페이지마다 놀라운 이야기가 담겨 있답니다. 이 검은색은 죄를 의미합니다. 우리가 잘못 행한 것이죠. 빨간색은 그리스도의 피를 의미합니다. 즉 우리를 위해 예수님께서 죽으셨음을 의미합니다. 그 분은 우리의 죄를 위해 십자가 위에서 죽으셨어요. 그리고 이 흰색은 우리가 예수님을 우리의 구세주로 모셔들일 때 얻는 깨끗한 마음입니다. 또한 이 금빛은 아픈 것도 없고 죽는 것도 없는 아름다운 저택들과 금으로 포장된 거리가 있는 곳을 말합니다. 그곳이 어디일까요? "하늘나라!"

금빛 색상지 — 하늘나라

이 페이지의 주제는 하나님께서 우리를 사랑하셔서 우리가 하나님과 함께 하늘나라에 영원히 거하기를 원하신다는 것입니다. 여기에서는 승천에 대한 이야기부터 시작하십시오. 지금 예수님께서 하늘나라에 계신다는 것을 설명하십시오. 그러나 언

전천후 시청각 자료

젠가는 다시 오실 것이라는 것도 말해 주십시오. 그리고 나서 이 책의 융판용 그림을 사용해서 하늘나라에 없는 것에 대해 말해 주십시오.

그리고 하늘나라에 있는 것들에 대해 융판용 그림들을 붙이면서 설명하십시오. 마지막으로 예수님 그림을 그 융판에 붙임으로써 예수님이 하늘나라에서 우리들과 함께 살기를 원하신다는 인상을 남기면서 아래와 같이 끝맺음을 마무리하시면 됩니다.

교 사 : 요전 날 나는 시내에 갔었어요. 그곳의 상점들 진열장 안에는 그 상점에서 가장 예쁜 옷들이 진열되어 있었어요. 왜 상점 진열장 안에는 가장 예쁜 옷들만 진열해 두는 걸까요? 그들은 내가 상점 밖에 그냥 있기를 바랐을까요, 아니면 그 안으로 들어오기를 원했을까요?

아이들 : 들어오길 원해요!

교 사 : 맞아요! 그렇다면 왜 하나님께서는 하늘나라가 그렇게 아름다운 곳임을 알려 주신 것일까요? 하나님은

우리가 하늘나라 밖에 있는 것을 원하시기 때문일까요, 아니면 하늘나라 안에 들어오기를 원하시기 때문일까요?

아이들 : 하늘나라 안에 들어오길 원하셔요!

교　사 : 맞아요! 하나님은 우리가 하늘나라 안으로 들어오기를 원하십니다. 자, 그럼 왜 하나님은 우리가 그분과 함께 하늘나라(천국)에 있기를 원하실까요? 누구 대답해 볼 사람 있어요? (어린이가 손을 들 때까지 기다린다.)

어린이 : 우리를 사랑하시기 때문입니다.

교　사 : 맞아요! 여러분이 어떤 사람인지, 어떻게 생겼는지, 어디에 사는지는 문제가 되지 않아요. 하나님은 여러분 모습 그대로를 사랑하셔서 여러분 모두 그와 함께 살게 되기를 원하십니다. 우리 모두 "하나님이 나를 사랑하십니다."라고 말할 수 있습니다. 다같이 말해 볼까요?

어린이 : "하나님이 나를 사랑하십니다!"

교　사 : 좋아요. 이번에는 여러분 각자를 가리키면서 얼굴에는 미소를 담고 그 의미를 생각해 보면서 외치면 더 멋질 것 같군요. 그럼 다같이 한번 외쳐 볼까요?

다같이 : "하나님이 나를 사랑하십니다!"

전천후 시청각 자료

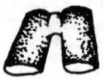

교 사 : 그래요. 세상에서 가장 멋진 일은 하나님께서 여러분을
        사랑하신다는 것을 아는 거예요.

어린이에게 하나님이 그들을 사랑하셔서 천국에 그들과 함께 거하시기를 원하신다는 것을 주지시키기 위해 시간을 갖고 충분히 이해시키도록 하십시오. 그들의 죄에 대해 다루기 전에 하나님께서 그들을 사랑하고 계심을 확신시킬 필요가 있습니다.

검은 색상지 — 죄

이 장의 주제는 우리 모두 죄를 지었는데 그 죄는 하나님의 마음을 아프게 한다는 것입니다.

이렇게 시작해 보십시오.

자, 이 세상에서 어느 무엇보다 더 여러분을 사랑해서 여러분을 위해 대신 죽을 수 있는 누군가가 있다고 상상해 보세요. 여

우리 선생님은 참 재미있어요

러분은 그들의 마음을 아프게 하는 그런 일들을 과연 하고 싶을까요? 아니죠, 물론 아닙니다. 바로 하나님이 다른 어느 것보다 여러분을 사랑하시는 분입니다. 그분은 그래서 여러분을 위해 죽으실 정도로 여러분을 사랑하셨습니다.

이제 나는 그분의 마음을 아프게 하는 것에 대해 이야기하려고 합니다. 그것들이 무엇일까요? 그것은 바로 "죄"입니다. 죄는 하나님의 마음을 정말로 아프게 하는 것입니다.

죄란 우리가 하나님의 말씀을 지키지 않고 잘못 행하는 것을 말합니다. 죄는 우리 자신뿐만 아니라 다른 사람들에게까지 해를 끼칩니다. 그러나 그 무엇보다도 가장 나쁜 것은, 죄가 하나님의 마음을 아프게 한다는 것입니다. 다같이 외쳐 봅시다. "죄는 하나님의 마음을 아프게 합니다." 다시 한번 더 외쳐 볼까요? "죄는 하나님의 마음을 아프게 합니다."

그럼 이 죄가 이 세상에 어떻게 들어왔는지 말해 주겠어요. 하나님께서 이 세상과 우주를 창조하셨는데 바로 "에덴 동산"이라고 불리는 아름다운 동산을 창조하셨어요. 그리고 나서 최초의 사람인 아담을 만드셨습니다. 그리고 아담을 위해 아내를 만드셨는데 이름이 하와였어요……(아담과 하와의 이야기를 계속한다.)

전천후 시청각 자료

 아담과 하와가 어떻게 죄를 이 세상에 끌어들였는지를 말한 후에 우리가 지은 죄에 대해 이야기해 주십시오. 기억하십시오. 어린이들이 그들의 죄를 알게 하는 데에는 다른 어린이들이 죄라고 고백했던 실화를 들어 이야기해 주는 것이 더 없이 좋은 방법입니다(하트 헝겊을 사용한 실물 학습이 여기에서 아주 적합하게 이루어질 수 있습니다).
 이 부분은 매우 중요합니다. 그러므로 서둘러서 지나치지 마십시오. 성령께서 죄를 깨닫게 해주시도록 그를 의지하며 차근차근 다루십시오.

 성경은 우리 모두가 죄를 범했다고 말하고 있어요. 바로 지금 하나님께서 여러분의 마음에 말씀하셔서, 여러분 각자가 행한 잘못된 것들을 생각나게 해주시리라 믿습니다. 죄의 삯(대가)은 사망이라고 성경은 말하고 있거든요. 이것은, 하나님으로부터 영원히 분리되어 악마와 그를 따라 악을 행하는 사람들을 위해 예비된 끔찍한 곳이 있는데, 바로 그 곳에 가게 되는 것을 말합니다.

 이곳에서 지옥의 뜨거움을 실물 학습으로 설명해 주면 좋습니다.
 설교자는 호주머니에서 라이터를 하나 꺼냅니다. 그리고 오른손으로 라이터를 켜고 왼손을 약간 가까이 가져갔다가 뜨거운 시늉을 하며 피합니다. 그리고, 죄를 범한 모든 사람이 지옥에서 그냥 편안히 잠을 자는 것이 아니라, 이 라이터 불은 비교할 수도 없는 훨씬 뜨거운 불에 의해 매일 태워지고 영원히 괴로움을 받게 된다는 것을 가르쳐 주십시오. 지옥이 그렇게 무서운 곳이라는 것을 알려 주십시오. 그러면 어린이들 모두가, 이 지옥에 가지 말고 꼭 황금빛 하늘나라에 가야겠다고 생각할 것입니다.

이 검정빛 색지에서 빨간색으로 옮겨갈 때 예화를 사용하는 것이 좋습니다. "할머니의 뜨게바늘"(10장)이 적합한 예화라고 생각합니다.

빨간 색상지 — 그리스도의 피

여기서의 주제는 예수님께서 우리의 형벌을 대신 받고 우리죄를 위해 죽으셨다는 내용입니다. 설명을 계속하십시오.

성경은 "죄의 삯은 사망이요."라고 말합니다. 이것은 죄의 결과로 누군가가 죽어야 한다는 것입니다. 예수님이 세상에 오시기 전

전천후 시청각 자료

하나님께서는 사람들에게, 자신의 죄에 대한 희생 제물로 어린 양을 대신 죽여 하나님께 바치라고 말씀하셨습니다. 어린양이 그 사람의 죄값으로 대신 죽은 것입니다. 지금 우리가 예수님을 하나님의 어린양이라고 부르는 이유를 알겠죠? 그분이 구약 시대의 어린양처럼 우리의 죄값을 대신해서 죽으셨기 때문입니다.

예수님의 십자가상의 죽음이 어떻게 이루어졌고, 뜻한 무엇을 의미하는지 여기에서 바로 설명이 시작되어야 합니다. 이 부분이 가장 거룩하고 엄숙한 부분이므로 진지한 태도로 이루어져야 합니다. 그 메시지가 어린이들에게 깊은 감동을 주려면 먼저 당신이 감동을 받아야 합니다.

이 색지란를 마무리할 때에는 강도 1명이 회개하고 그리스도를 그의 구주로 의지하여서 구원받았던 사실을 언급하도록 하십시오. 다른 강도는 회개하지 않고 그리스도를 믿지 않아서 버림받았습니다. 우리가 회개하고 예수님을 믿는다면 구원받을 것입니다. 그러나 그렇지 않으면 영원히 버림받을 것입니다.

주의
내 경험으로는 흰 색상지로 넘어가기 전에 이 빨간 색지 부분을 마치면서 어린이들에게 마음으로 예수 그리스도를 영접할 기회를 주는 것이 바람직하다는 것을 알게 되었습니다.

흰 색상지―깨끗한 마음

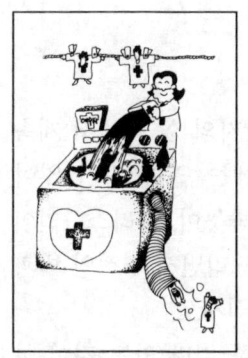

이 페이지의 주제는 예수님이 우리의 마음에 들어오실 때 모든 죄로부터 용서함을 받는다는 내용입니다.

빨간 색지란을 마무리하면서 가진 구원의 결신 시간 후에 흰 색지란을 펴서 부활 사건으로 넘어가십시오. 그리스도의 부활은 기독교 신앙의 기초입니다. 부활을 이야기할 때 당신의 음성과 모습에 기쁨과 승리의 여운이 담겨 있어야 합니다.

어린이들에게, 주 예수님은 부활하신 구세주이시며 하늘과 땅의 모든 능력과 권세를 가지고 계시는 살아계신 주 하나님이심을 강하게 정해 주어야 합니다.

주의

"글 없는 책"의 이야기를 한 편의 설교로 하고 싶다면 이 페이지에서 마무리하십시오. 그렇지 않으면 설교가 너무 길어져서 지루하게 됩니다.

전천후 시청각 자료

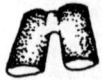

초록 색상지 — 그리스도인의 성장

여기에서의 주제는 모든 그리스도인이 각자의 삶 속에서 계속 성장해야 한다는 것입니다. 꽃을 꺾은 후에는 얼마 가지 않아 햇빛과 수분의 공급 중단으로 시들어 말라 죽듯이, 그리스도인이 된 이후에도 계속 교회에 출석하여 예배를 드리면서 영적인 빛과 수분의 공급이 계속되어야 함을 설명해 주십시오.

그리고 믿음의 생활은 언제나 좋고 순탄한 길만 있는 것이 아니라, 사탄이 주는 유혹과 시험이 있다는 것을 간단히 일러주시고, 진정한 신앙의 성숙은 그런 시험의 과정을 통과한 이후에 얻어지는 것임도 간략히 귀띔해 주시는 것이 좋습니다.

10

예화와 실물 학습을 통한 복음 증거

어린이들을 그리스도께 전도하는 데 있어서 예화와 실물 학습은 대단히 중요하며 그 효과가 큽니다.

예화

제가 사용한 예화들 중에서 가장 효과적이었던 것은 "할머니의 뜨게바늘"이란 것이었습니다.
여기에 그 내용을 소개합니다.

교 사 : 선생님에게 큰 감명을 준 이야기가 있어요. 이 이야기를 여러분에게 들려주려고 해요. 어떤 남자 어린이가 자기를 길러준 할머니에 대해서 해준 이야기랍니다.

"저를 키워준 할머니는 훌륭한 그리스도인이었으며, 저를 매우 사랑해 주셨어요. 그런데 제가 국민학교 고학년이 되었을 때 제게 한 가지 나쁜 버릇이 생겼지 뭐예요. 그것은 남의 물건에 몰래 손을 대는 것이었습니다.

마침내 이것이 들켜 말썽이 났고, 이 사실을 알게 되신 할머니는 저의 나쁜 버릇을 고쳐 보시려고 회초리를 대셨습니다.

그러나 제겐 별다른 변화가 없었어요. 저는 훔치는 것이 너무 재미있고 좋았기 때문에, 뭐든지 제가 갖고 싶은 것이 있으면, 기회를 틈타서 제 호주머니에 슬쩍 집어넣곤 했습니다"(남자 학생 목소리를 흉내 내어서 말하십시오).

그러던 어느 날, 할머니께서는 아들같이 키워 온 이 소년을 불러 말씀하셨습니다.

(할머니 목소리로) "얘야, 그 동안 너의 도둑질하는 버릇을 고치려고 수시로 매를 들었는데도 도무지 너의 그 나쁜 버릇이 고쳐지지가 않는구나. 나는 너를 너무나 사랑하기 때문에 네가 계속해서 나쁜 짓을 하는 것을 더 이상 보고만 있을 수가 없구나. 다음부터는 네 것

이 아닌 남의 것에 손을 대면 이 길다란 뜨게 바늘을 불에 빨갛게 달구어서 그것으로 너의 도둑질하는 손을 지져 버리겠다. 알겠니?"

그 남자 아이는 계속 말했습니다.

"저는 정말 무서웠어요. 그래서 저는 오랫동안 아무것도 훔치지 않았습니다. 그런데 어느 날 저의 나쁜 버릇이 되살아났어요. 저는 남의 물건을 슬쩍 훔쳤고, 집에 돌아와 그것을 감추려고 애를 쓰다가 그만 할머니에게 탄로가 나고 말았습니다."

"이것들이 어디서 났지?" 할머니가 말씀하셨어요.

그 남자 아이는 말을 더듬거리면서 변명을 하려고 애를 썼지만 그게 잘 되지 않았어요. 그러자 할머니는 말씀하셨어요.

"얘야, 전에 내가 말한 것을 기억하고 있겠지? 그리고 너는 내가 말하는 것을 항상 그대로 지키는 사람이라는 것을 잘 알고 있지?"

그리고 나서 할머니는 뜨게 바늘을 찾아 가지고, 그

것을 난로 위에 얹어 놓았습니다. 그것이 빨갛게 달구어졌을 때 할머니가 그 아이를 불렀습니다. 그리고 난로 위에 달궈 놓았던 바늘을 끄집어내시며 말씀하셨어요.
"얘야, 손을 이리로 내밀어라." 남자 아이는 손을 내밀지도 못하고 무서워서 부들부들 떨고만 있었어요. 그러자 할머니께서는 잠시 가만히 계시더니 이렇게 말씀하시는 것이었어요.
"너는 마땅히 벌을 받아야 한다. 그렇지만 나는 너를 너무나 사랑한단다. 차라리 내가 네 대신 벌을 받겠다."
할머니는 붙잡았던 아이의 손을 놓고는 할머니 자신의 손을 그 빨갛게 달구어진 바늘로 찌르시는 것이었어요. 그리고 그 피나는 손을 내밀면서 이렇게 말씀하셨습니다.
"이제 다시는 남의 물건에 손을 대지 말아라. 네 죄의 대가로 내가 대신 이런 고통을 느껴야 하는구나."
그날 그 남자 아이는 자기의 죄 때문에 다른 사람이 그 고통의 대가를 지불하는 것을 보고 죄의 심각성을 뼈저리게 이해하게 되었어요. 그때 이후로 그 남자 아이는 다시는 남의 물건에 손을 대지 않게 되었습니다.
이 이야기에 예수님의 복음의 핵심이 담겨 있어요.

그 소년은 죄를 범했어요. 그래서 당연히 벌을 받아야 했지요. 그런데 그 할머니는 그 소년을 사랑했으므로 그 소년이 벌을 받아 괴로움을 당하는 것을 원치 않으셨어요. 그래서 그 아이 대신 자신이 벌을 받고 그 고통을 참고 견딤으로써 그 문제를 해결했어요. 이러한 사랑의 고통으로 말미암아 그 소년은 진정한 회개를 하게 되었던 것이죠.

대화법을 사용하여 아래와 같이 마무리하십시오.
교　사 : 할머니는 그 소년의 벌을 대신 받아야 했어요. 왜 그랬을까요? (말하면서 손으로 귀를 감싸 마이크에 갖다 대는 시늉을 한다.)
아이들 : "그를 사랑했기 때문입니다."
교　사 : 맞아요! 우리 주 예수님도 바늘에 찔리는 것은 비교도 할 수 없는 엄청난 형벌의 고통을 우리를 대신해서 십자가 위에서 당하셨어요. 왜 그러셨을까요?
아이들 : 우리를 사랑하셨기 때문입니다.

실물학습 1 − 하트 모양의 헝겊

목적
그리스도의 피가 어떻게 우리의 죄를 없앨 수 있는지 설명하기 위한 것입니다.

준비물
① 약국에서 구할 수 있는 요오드액(상처 소독용, 옥도정기라고도 함) 한병

② 인화발책보충제(현상액, 보통 "인화표백제"라고 함) 소량(1리터)을 카메라 현상소에서 구입하십시오. 이것은 여러 차례 사용이 가능합니다. 이것을 따로 입구가 넓은 용기에 보관하십시오.

③ 하트 모양의 헝겊 − 못쓰는 이불 등의 흰 헝겊을 하트 모양으로 가위로 오려 내십시오. 이것들을 빨아 쓰면 여러 차례 사용 가능합니다. 와이셔츠와 같이 얇은 천이 좋습니다. 두꺼운 천은 잘 되지 않는 경향이 있습니다.

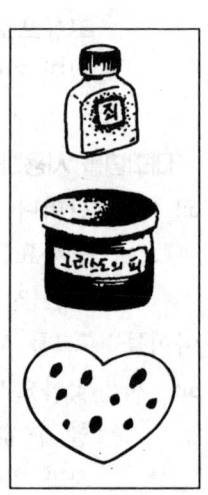

예화와 실물학습을 통한 복음 증거

> 유능한 의사가 효과적으로 치료하기 위해서 적합한 의료기구가 필요하듯, 영적인 의사들인 교사들에게 맨손보다는 도구가 더더욱 필요하지 않겠는가?

옥도정기는 죄를 나타냅니다. 실제 옥도정기 병은 너무 작아서 뒷줄에 앉은 어린이들은 볼 수 없으므로, 입구는 작고 병마개가 있으며 깨지지 않는 큰 플라스틱 병에 담아 보관합니다. 그리고 그 병에 "죄"라고 쓴 라벨을 붙이십시오. 이 병은 죄를 나타내므로 밝은 색보다는 어두운 색깔이 좋습니다. 그리고 "죄"라는 글자도, 뒤에서 보일 수 있도록 가급적 크게 만들어 붙이십시오.

현상액은 그리스도의 피를 나타냅니다. 땅콩 버터병처럼 아가리가 넓은 병을 사용하여, 병 바깥은 빨간색 플라스틱 전기 테이프로 감아 두십시오. 그리고 현상액과 물을 반반씩 섞어 보관하십시오.

하트 모양의 천은 오래 된 이불보 또는 와이셔츠와 같은 하얀 면감으로 만들 수 있습니다. 넓이와 길이를 30센치 정도로 하면 됩니다.

사용 방법

먼저 깨끗한 하트를 보여 주십시오. 아담과 하와가 이렇게 깨끗한 마음으로 창조되었으나 후에 하나님께 어떻게 불순종하여 죄를 지었는지 설명해 주십시오. 이제 "죄"라고 쓴 병을 사용하여 옥도정기를 하트 중간에 떨어뜨립니다. 어린이들에게 이것은 (옥도정기이지만) 죄를 나타낸다는 것을 말해 주십시오. 그리고

아담과 하와가 어떻게 그들의 죄된 속성을 그들의 후손과 전세계에 그대로 유전시켰는지 말해 주십시오. 가인이 그의 동생 아벨을 죽여서 최초의 살인을 저지른 이야기도 해주십시오.

이제 우리들의 죄에 대해 다룰 시간입니다. 거짓말하기, 부모님 속이기, 친구와 다투기, 나쁜 말하는 것 등등의 구체적인 죄들에 대해 이야기하면서, 하트를 반 또는 두번 접어서 각각의 죄마다 옥도정기를 한 방울씩 떨어뜨리십시오.

접었던 하트를 펴게 되면 2개 또는 4개의 방울 자국이 남게 됩니다. 끝마칠 때쯤 되면 그 하트에 많은 얼룩들이 남을 것입니다.

그리고 나서, 얼룩진 이 하트 헝겊처럼 우리 마음에 이런 죄를 갖고는 하늘나라에 갈 수 없으나 하나님께서 우리를 사랑하셔서 그 분의 아들을 이 세상에 보내사 우리를 위해 죽도록 내어주셨다는 것을 설명해 주십시오. 또한 우리가 그리스도를 우리의 구주로 모셔들이면 하나님이 어떻게 우리를 우리의 모든 죄에서 용서해 주실 수 있는지 이야기해 주십시오.

그런 이야기를 하면서 얼룩이 있는 하트를 빨간 병에 담그십시오. 현상액이 그 얼룩들을 제거하는 데에는 채 몇 분도 걸리지 않습니다. 이제 통에서 그 하트 헝겊을 핀셋 등으로 집어서 꺼냅니다. 그리고 어린이들이 얼룩이 사라진 것을 볼 수 있도록

예화와 실물학습을 통한 복음 증거

펼쳐 보여 주십시요. 여기서 이사야 1장 18절을 인용하는 것이 좋습니다. "너희가 죄가 주홍같을지라도 눈과 같이 희어질 것이요 진홍같이 붉을지라도 양털같이 되리라."

중요합니다 : 실제 사용하기 전에 연습하십시오!

화학 제품들을 사용하기 전에
주의 사항을 살펴보고 꼭 지켜야 합니다.
어린이들이 그것에 가까이 못하도록 하십시오.
사용하지 않을 때에는 뚜껑을 꽉 닫아 주고 바로 세워서
보관하셔야 합니다.
이 화학 제품들을 삼키면 대단히 위험하니
어린이들이 아예 가까이 와서
만지지도 못하게 해야 합니다.

실물 학습 2

목적
우리의 마음은 하나님께서 거하시도록 만들어졌다는 것을 가르

치는 것입니다.

준비물
빈 콜라병과 전구 각 1개씩

아래와 같이 설명하십시오.
소년 소녀 여러분, 선생님은 성경을 공부하면서 아주 놀라운 것 한 가지를 배웠어요.
"그것이 무엇인데요?"라고 여러분은 묻겠죠?
선생님은 하나님께서 우리를 왜 만드셨는지 깨달았어요. 하나님은 우리가 무언가를 담아두도록 만드셨다는 것입니다. 내가 무엇을 말하려는 것인지 실제로 여러분께 보여드리겠어요.
(콜라병을 들어 보이면서 말한다.) 여기 이것은 우연히 생긴 것이 아니라 원래부터 어떤 내용물을 담아 두기 위해서 만들어졌어요. 그럼 이것은 무엇을 담아 두기 위해 만들어졌지요?
어린이들 : "콜라요!"
맞아요! 이것은 콜라를 담기 위해 만들어졌어요. (이제 전구를 집어 올리면서 계속 이야기한다.) 그럼 이 물건은 무엇인가 다른 것을 담도록 만들어졌겠지요. 이것은 무엇을 담도록 만들어졌을까요?

예화와 실물학습을 통한 복음 증거

　어린이들 : "빛이요!"("전기"라 말할 수도 있다)
　맞아요! 이 병은 콜라를 담기 위해 만들어졌으며(병을 왼손에 든다), 이 전구는 빛 또는 전기를 담도록 만들어졌지요(전구를 오른손에 든다).
　이제 여러분과 나도 무언가, 아니 누군가를 담아두기 위해 하나님께서 만드셨어요. 우리는 우주에서 가장 훌륭한 분을 마음에 모셔 두기 위해 만들어 졌어요. 과연 그 분은 누구를 말하는지 대답해 보겠어요?
　어린이들 : "하나님이요!"
　예, 맞아요! 우리는 하나님을 모시기 위해 만들어졌어요! 그러므로 하나님께서 여러분의 마음에 들어와 거하시는 것이 이 세상에서 가장 멋진 일이예요! 예수님은 하나님이시므로 그분께 "우리 마음 속에 들어와 주세요."라고 간구할 때 우리 안에 들어오십니다. 그 분은 누구든지, 소년이든, 소녀든 그분의 음성을 듣고 그분에게 들어오도록 간구하면 그대로 듣고 들어갈 것이라고(계 3 : 20) 말씀하셨거든요.

우리 선생님은 참 재미있어요

교사가 어린이를 그리스도께 인도(전도)하기 위해서는 먼저 기도로 구하고, 다음으로 하나님의 임재를 찾으며, 마지막으로 성령님께서 역사하셔서 그들이 각자 자기 죄의 심각성을 깨닫고 마음의 문을 열어 주님을 영접하도록 계속 두드려야 합니다.

11
구원의 그물 안으로 끌어들이기

구원 초청하는 방법

> 이제 어린이 전도의 가장 중요한 부분인-어린이가 그리스도를 그의 구주로 영접하도록 초청하는- 방법을 다루게 됩니다. 그리스도를 영접하지 않는다면 그 어린이는 결코 거듭나지 못할 것입니다.

기억하십시오. 어린이가 회심하려면 다음 세 단계를 거쳐야 합니다.

(1) 그 어린이는 자신이 죄를 지었음을 깨닫고 그 죄들을 아

주 슬퍼하며 그런 죄를 계속적으로 짓지 않기를 소원하는 마음이 있어야 합니다.
(2) 예수님께서 자기의 죄를 위해 죽으셨다는 것을 믿어야 합니다.
(3) 그리고 주 예수님을 자기의 구주로 영접해야 합니다.

구원으로 초청하는 것은 "그물 안으로 끌어 들이는 것"입니다. 이 순간이 가장 진지한 시간입니다. 우리는 전적으로 성령님을 의지해야 합니다. 당신과 나는 누구에게도 생명을 줄 수 없습니다.

오직 성령님만이 가능합니다. 우리가 성령님께서 어린이들 마음 속에 역사하시도록 믿고 의지하면서 우리 내면의 고요함을 유지할 때 성령님께서 놀랍게 역사하십시다.

이런 것들을 마음에 명심하시고, 초청으로 이끄는 방법과 실제 초청하는 방법을 알아 보겠습니다. 만약 당신이 "글 없는 책"을 사용 중이라면 "빨간 색상지" 부분에서 다음과 같이 결론지을 수 있습니다.

강도들 중 한 명이 주 예수님을 믿고 그분께 자기를 구원해 주시도록 간구했어요. 그는 말했어요

구원의 그물 안으로 끌어들이기

> 구원으로 초청하는 것이 "그물 안으로 끌어들이는 것"이다. 이 순간이 가장 진지한 시간으로 우리는 전적으로 성령님을 의지해야 한다.

"예수여, 당신의 나라에 임하실 때 나를 생각하옵소서." 예수님께서 죽어가고 있는 남자를 향해 말씀하셨어요. "오늘 네가 나와 함께 낙원에 있으리라."

그 남자는 예수님을 그의 구주로 영접하여 구원받았어요. 그러나 다른 편의 강도는 예수님을 구세주로 받아들이지 않았으므로 영원히 구원받지 못했어요.

때때로 여러 소년, 소녀 어린이가 주 예수님이 자신의 마음 가운데 들어오시도록 기도하려 할 때 사탄이 속삭일 것입니다. "지금 말고 나중에 영접하는 것도 괜찮을거야."라고 말입니다. 그 악한 영은 우리가 영원히 버림받기를 바라기 때문에 우리에게 나중에 영접하라고 계속 유혹한답니다. 그러나 하나님은 우리에게 언제 구원받으라고 말씀하시나요? 바로……

아이들 : "지금이요!"

그럼, 하나님은 왜 우리에게 **지금** 구원받으라고 하실까요? 왜냐하면 우리가 얼마나 오래 살지 우리는 아무도 모르기 때문이에요.

실화를 들어 이야기해 주십시오. 너무 슬프게 하지는 마십시오. 이 이야기를 하는 목적은 어린이들의 감정을 자극하려는 것

이 아니라 단지 육체의 생명이 얼마나 불확실한지를 보여주려는 것입니다. 그래서 아이들에게 바로 **지금** 예수님을 영접해야 한다는 것을 깨우쳐 주기 위해서입니다.

예수님께서는 우리의 마음이 집과 같다고 말씀하셨어요.
"볼지어다 내가 문 밖에 서서 두드리노니 누구든지 내 음성을 듣고 문을 열면 내가 그에게로 들어가 그로 더불어 먹고 그는 나로 더불어 먹으리라"(계 3 : 20).
선생님이 여러분을 만나러 집에 가서 여러분의 집안으로 그냥 들어간다면 그것은 예의 바른 행동이 아닐 거예요.
먼저 문을 두드리겠죠? 선생님이 밖에 있는 것을 보고 나를 들어오게 하려면 여러분이 뭐라고 말하면 되죠?
어린이들 : "들어오세요."
예, 맞아요. 예수님도 여러분이 "우리 마음에 들어오세요."라고 말씀드리면 여러분의 마음 안으로 들어오십니다.
(당신이 "하트형 헝겊 실물"을 사용하고 있다면, 얼룩이 있는 하트 헝겊을 현상액이 있는 빨간 통에 집어넣으십시오.)
예수님께서 여러분 마음 속에 들어오실 때 여러분의 모든 죄를 용서해 주세요.
(통에 있던 하트 헝겊을 꺼내어 잘 짜서 얼룩들이 사라진 것을

구원의 그물 안으로 끌어들이기

펼쳐서 보여주십시오.)
　자, 이제 머리를 숙이고 기도합시다. 남 쳐다볼 것 없어요. 선생님이 몇 가지 질문을 하겠어요. 계속 고개숙이고 눈뜨지 말고 답을 아는 사람은 대답하세요.
　(이것이 실제 초청 과정이고, 6가지 질문과 기도로 되어 있습니다.)

1. 예수 그리스도께서 하나님의 아들이라고 믿습니까?
  어린이들 : "예."
2. 주 예수께서 여러분의 죄를 위해 십자가에서 죽으신 것을 믿습니까?
  어린이들 : "예."

3. 예수님이 여러분을 사랑하십니까?
  어린이들 : "예."
4. 주 예수님이 여러분의 구주가 되십니까?
  어린이들 : "예."
5. 여러분이 요청만 하면 주 예수님께서 바로 지금 여러분 마음에 들어오신다고 생각합니까?
  어린이들 : "예."

우리 선생님은 참 재미있어요

6. 주 예수님께서 여러분 마음에 들어오시도록 언제 간구해야 되지요?
   어린이들 : "지금이요."

계속 머리를 숙이고 눈을 감고……다른 친구들 쳐다볼 필요 없어요. "죄를 지었어요. 그래서 예수님이 진정 내 마음 속에서 들어오셔서 나의 구주가 되어 주시길 원합니다." 하는 어린이는 손을 드세요.
예……그래요……좋아요……이제 여러분이 진정 원하는 마음으로 손을 들었다면 나를 따라 하세요.
주 예수님, 저는 죄를 지었어요. 저를 용서해 주세요. 제가 예수님의 마음을 아프게 했어요. 다시는 그렇게 하지 않기를 소원합니다. 주 예수님, 저를 너무 사랑하셔서 저를 위해 죽으심을 감사드립니다. 제 마음에 들어오셔서 저의 구주가 되어 주셔요. 지금 당장 예수님을 저의 구주로 영접합니다. 지금 저의 마음에 들어와 계시기를 예수님의 이름으로 기도합니다. 아멘.
기도로 초청 부분을 마무리짓고 다음으로 넘어가십시오.

교   사 : 여러분, 진심으로 주 예수님이 마음에 들어오시기를 기도했나요?

구원의 그물 안으로 끌어들이기

> 성령께서
> 어린이 마음에 역사하신
> 그 결과로 내려진 결정일 때
> 의미가 있으며
> 영적 가치가 있다.

어린이들 : "예."
교   사 : 예수님이 어떻게 하시겠다고 말씀하셨어요?
         "내가……!"
어린이들 : "들어갈 것이다!"
교   사 : 여러분은 그 분이 여러분 마음속에 들어오시기를 기도했지요?
어린이들 : "예."
교   사 : 예수님은 자신의 약속을 지키십니까?
어린이들 : "예."
교   사 : 그렇다면 지금 예수님은 어디 계신가요?
         여러분 마음 밖에 계신가요, 아니면 안에 계신가요?
어린이들 : "내 마음 안에요!"

맞아요, 주 예수님은 여러분의 마음속에 살아 계셔요. 그리고 결코 여러분을 떠나지 않으십니다. 예수님이 말씀하셨거든요. "내가 너희를 떠나지 아니하리라!"(히 13 : 5).

어린이들을 강대상 앞으로 걸어나오도록 할 수 없는 집회에서는 여기서 보여준 것처럼 자기 자리에서 구원 초청을 할 수 있습니다. 그들의 자리에서 바로 구원받도록 하십시오. 그리고 가능하다면 구원받기를 원한다고 손을 든 어린이들과 상담하는 것이 매우 효과적입니다. 당신이 그 어린이들과 상담할 수 있는

기회가 된다면 다음과 같이 하십시오.

"고개를 숙이고 있는 동안 손을 든 어린이들은 조용히 김선생님(보조 교사)을 따라 다른 방으로 가세요. 우리가 잠시 동안 함께 이야기하고 하나님의 말씀 몇 구절을 여러분께 들려드리려고 합니다. 손을 들지 않았지만 예수님을 마음에 영접하고 싶은 어린이들도 김선생님을 따라가세요. 나머지 어린이들은 각자의 자리에 남아서 친구들을 위해 기도해 주시기 바랍니다."

모두 다른 방으로 간 후에 상담을 받고 있는 어린이들을 위해 이미 구원받은 어린이들과 함께 짧게 기도해 주십시오. 그리고 나서 설교 또는 노래로 계속 진행하십시오. 다른 어린이들이 상담하고 있는 동안 남아 있는 어린이들을 잘 관리해 주는 것도 중요합니다.

초청하는 데 있어서 어린이들에게 강요하는 것이 되지 않도록 유의해야 합니다. 어른들을 기쁘게 하고 그에 부응하려는 것이 어린이의 속성입니다. 이 점이 어린이들에게 기꺼이 복음에 응하게 하는 요소가 될 때에는 좋은 점이 됩니다. 그러나 어린이들이 준비되어 있지 않은 상태에서 쉽게 결정을 강요당하거나 무작정 이끌려 오도록 해서는 안됩니다. 우리는 성령께서 그 일을 하시도록 의지하며 그분의 때를 기다려야 합니다. 성령께서 그 마음에 역사하신 그 결과로 내려진 결정일 때 의미가 있으며 영적 가치가 있습니다. 도중에 성령님이 역사하시지 않으면 조용히 초청의 시간을 마무리짓고 다음 기회를 기도하며 기다리십시오.

12
효과적인 상담

어린이들을 앞으로 나오도록 할 수 없을지라도 구원 초청은 당신의 설교에 꼭 포함시켜야 합니다. 구원 초청이 주어질 때 많은 어린이들이 그 자리에서도 구원받을 수 있습니다. 그러나 이런 구원 초청이 이루어진 후에는 그들의 구원에 대해 그 어린이들과 개인적으로 상담하는 시간을 꼭 가져야 합니다.

구원 상담의 첫번째 이론이며 가장 기본적인 원칙은 하나님의 말씀을 사용하는 것입니다.

우리는 하나님의 말씀을 믿음으로 거듭났습니다. 성경은 말합니다. "너희가 거듭난 것이 썩어질 씨로 된 것이 아니요, 썩지 아니할 씨로 된 것이니 하나님의 살아있고 항상 있는 말씀으로 되었느니라"(벧전 1 : 23).

효과적인 상담을 위한 제안

그 어린이의 영적 상태를 먼저 분별하십시오.

단지 자기의 병든 강아지를 위해 기도를 부탁을 하러 왔을지도 모르기 때문입니다. 진정으로 구원받기 위해 나아왔는지를 분별하십시오.

그 어린이가 직접 성경 말씀을 큰소리로 읽도록 시키십시오.

어린이들이 잘 읽을 수 있는 성경을 미리 준비해서 사용하는 것을 잊지 마십시오. 특히 큰 글씨체로 인쇄된 신문 성경을 어린이 상담에 사용하는 것이 상당히 효과적입니다. 아니면 상담에 관계된 성경 말씀들을 모아 작은 소책자를 만들어 사용하고 난 후에, 어린이가 그것을 가지고 돌아가도록 선물하십시오.

하나님의 말씀에서 대답을 찾아 주십시오.

보통 어린이들은 교사의 신앙적인 질문에 쉽게 대답하지 못합니다. 어린이가 어떤 질문에 대해 대답을 주저하고 있으면, 교사가 성경 말씀을 찾아 주어서 어린이가 그 구절을 읽으면서 대

효과적인 상담

답할 수 있게 하십시오.

성경 구절을 너무 많이 사용하지 마십시오.
몇 개의 구절들을 사용해서 어린이가 그 구절들을 명확하게 이해하도록 하는 것이 많은 구절들로 그를 혼란스럽게 만드는 것보다 훨씬 낫기 때문입니다.

그 어린이가 그 구절을 이해할 때까지 주의 깊게 설명해 주십시오.
상담의 대부분이 그 어린이가 그 의미를 파악할 때까지 단순한 한 구절을 반복해서 복습시켜 주어야 하는 경우가 많습니다. 성경의 어렵고 고전적인 단어들을 철저히 풀어 설명해 주어야 합니다.

성령께서 말씀을 조명해 주시도록 의지하십시오.
지식적으로 이해하는 차원을 넘어서 영의 눈으로 그 진리를 깨닫는 또 다른 차원이 있습니다. 우리는 전적으로 성령께서 그 어린이에게 영적 진리를 계시해 주시도록 믿고 의지해야 합니다.

그 어린이가 하나님의 말씀 위에 믿음의 기초를 세우도록 도우십시오.

우리는 어떤 감정이나 경험으로 구원받는 것이 아닙니다. 오직 하나님의 말씀을 믿는 믿음으로 구원받습니다. 어린이의 마음에 큰 감동이 없더라도, 구원은 "감정"이 아니라 "믿음"으로 얻을 수 있음을 주지시키십시오.

상담하는 어린이의 질문에 짧게 대답해 주십시오. 대화의 흐름이 엉뚱한 방향으로 가지 않도록 유의하셔야 합니다. 계속적으로 그 어린이가 하나님께서 성경에서 무엇이라고 말씀하셨는지 주의를 집중할 수 있도록 인도하십시오.

이제 어린이를 주님께로 인도하는 실제의 상담 진행 과정을 살펴보도록 하겠습니다. 상담 중에는 그 어린이 이름을 사용하는 것이 좋습니다.

상담자 : 지미, 네가 와 주어서 기쁘구나. 네게 질문을 하나 하겠는데 만약 네가 오늘밤 죽게 된다면, 너도 알다시피 갑자기 죽는 사람들도 있지? 그렇다면 너는 천국에 갈 수 있겠니?

효과적인 상담

지　미 : 잘 모르겠어요.
상담자 : 그럼 너는 구원받는 방법은 알고 있는지 궁금하구나. 착한 일을 하면, 아니면 세례를 받거나 교회에 다니면 구원받는다고 생각하는 사람들도 있어요. 그러나 성경은 그렇게 말하지 않고 있단다. 성경은 우리 모두 죄인이라고 말하고 있단다. 우리는 하나님의 법을 어겼으며 그래서 우리 모두는 죄를 지었단다. 하나님의 말씀 한 구절을 보자. 로마서 3장 23절 여기를 읽어 주겠니?
지　미 : "모든 사람이 죄를 범하였으매 하나님의 영광에 이르지 못하더니."
상담자 : 그래, 여기 보니 하나님이 우리 모두 죄를 범했다고 말씀하셨구나. 하나님께서는 선생님도 너도 말로나 행동으로 잘못을 저질렀다고 말씀하신단다. 너는 죄를 지었다고 생각하니?
지　미 : 예.
상담자 : 지미야, 나도 죄를 지었단다. 그런데 성경에 보면 죄를 지으면 형벌을 받아야 하는데, 그것은 지옥이라고 하는 끔찍한 곳에서 영원히 하나님과 분리된 상태로 살아야 하는 것이란다. 그러나 하나님은 우리를 사랑하시니 사랑하는 우리가 그런 끔찍한 곳에 가기를 바라시지 않

우리 선생님은 참 재미있어요

> 구원 초청이 이루어진 후에는
> 그들의 구원에 대해 그 어린이들과
> 개인적으로 상담하는 시간을
> 꼭 가져야 한다.

겠지? 자, 요한복음 3장 16절에 잘 나와 있구나. 너도 이미 알고 있는 구절이겠지만 한번 읽어 주겠니?
지 미 : "하나님이 세상을 이처럼 사랑하사 독생자를 주셨으니 이는 저를 믿는 자마다 멸망치 않고 영생을 얻게 하려 하심이니라."
상담자 : 아주 잘 읽었다. 그런데 하나님이 말씀하신 "세상"이란 누구를 말하는 것일까?
지 미 : 우리 모두를 말하는 것 같은데요.
상담자 : 맞아. 우리는 이 세상에 살고 있어. 그렇지? 그리고 하나님이 우리를 사랑해 주신단다! 정말, 우리를 너무나 사랑하시기 때문에 우리에게 아주 특별한 고귀한 것을 주셨지. 하나님이 우리에게 무엇을 주셨을까? 아까 그 구절을 읽고 내게 대답해 주겠니?
지 미 : "하나님이 세상을 이처럼 사랑하사 독생자를 주셨으니."
상담자 : 그래! 독생자란 하나님의 하나뿐인 아들을 가리키는 말인데, 주 예수님을 우리의 죄를 위해 십자가에서 죽으시도록 하셨다는 뜻이란다. 즉, 예수님이 우리의 구원자가 되어 주시러 이 세상에 오신 거란다. 지미야! 내가 네게 어떤 선물을 주면서 네게 짜장면 한 그릇이

　　　　라도 얻어 먹기를 바라겠니?
지　미 : 아니요.
상담자 : 내가 네게 어떤 것을 선물로 준다면 너는 그 대가로 내게 뭔가를 주어야 할까?
지　미 : 아니요.
상담자 : 그러나 단 한 가지, 네가 그 선물을 네 것으로 갖기 위해 해야 할 것이 있단다. 그것은 바로 그 선물을 받는 것이란다. 받기만 하면 돼. 그저 받는 것, 네가 그 선물을 받아 가지면 네 것이 되는 것이지. 마찬가지로, 하나님이 너에게 선물로 주 예수님을 네 구주로 주셨지. 그러니까 너는 그저 너의 구원자로서 그 분을 네 마음 속에 모셔들이기만 하면 된단다.
상담자 : 이제 요한복음 1장 12절을 살펴보자. 11절은 예수님께서 그 백성 유대인들에게 가셨을 때 그들이 그 분을 영접하지 않았다는 내용이야. 그 분을 믿지 않았던 거지. 이제 12절을 내게 읽어 주겠니?
지　미 : "영접하는 자 곧 그 이름을 믿는 자들에게는 하나님의 자녀가 되는 권세를 주셨으니."
상담자 : 우리가 마음속으로 예수님을 구주로 믿고 영접할 때 하나님의 자녀가 된다는 말씀이란다. 지미야! 너는 예

수님이 하나님의 아들이라는 사실을 믿니?
지 미 : 예.
상담자 : 예수님이 너의 죄를 위해 십자가에서 죽으신 것도 믿니?
지 미 : 예.
상담자 : 예수님이 널 사랑하실까?
지 미 : 예.
상담자 : 네가 예수님께 요청만 하면 지금 네 마음 속에 들어오셔서 너의 구주가 되어 주실 것이라고 믿니?
지 미 : 예, 그래요.
상담자 : 그럼 지금 당장 주 예수님을 네 구주로 영접하면 어떨까?
지 미 : 예, 그래요.
상담자 : 좋아! 고개를 숙이고 네가 직접 주 예수님께 이야기를 하겠니? 네가 죄를 지었다는 것과 그 죄들을 용서해 달라고 말씀드려. 너의 죄를 위해 십자가에서 돌아가신 것을 감사드리고 네 마음 속에 들어와 달라고 부탁드리렴.
지 미 : 예수님, 전 죄를 지었어요. 용서해 주세요. 저를 위해 십자가에 돌아가신 것 감사드립니다. 저의 모든 죄를

효과적인 상담

> 구원상담의 첫번째 이론이며 가장 기본 원칙은 하나님의 말씀을 사용하는 것이다.

용서해 주시고 제 마음 속에 들어와 주시길 바랍니다. 지금 제 마음 속에 들어오셔서서 저의 구주가 되어 주세요.

상담자 : 아주 좋아. 지미야! 이제 요한복음 3장 36절을 보자. 큰 소리로 또 읽어 보아라.

지 미 : "아들을 믿는 자는 영생이 있고 아들을 순종치 아니하는 자는 영생을 보지 못하고 도리어 하나님의 진노가 그 위에 머물러 있느니라."

상담자 : 잘했다, 지미야! 이 구절은 이 세상의 사람들은 두 부류로 나누어진다는 것을 말하고 있단다. 누구나 두 부류 중 하나에 속하게 마련인데, 그럼 두 부류는 각각 어떤 사람들을 뜻하는지 말해 보겠니?

지 미 : 선한 사람들과 죄인들요.

상담자 : 아닌데, 우리는 모두 죄인이란다. 그 구절을 다시 한번 보고 대답해 보겠니?

지　미 : 음……그 아들을 믿는 자들과 그 아들을 믿지 않는 자들이예요.
상담자 : 맞아! 누구나 한 부류에 속해 있게 마련이다. 예수님을 믿거나 믿지 않는 부류이지. 너는 어느 부류에 속해 있니?
지　미 : 예수님을 믿는 부류요.
상담자 : 좋아! 네가 이 부류에 있다면 너에 대해 뭐라고 말씀하실까?
지　미 : 내가 영생을 얻을 것이라고 말씀하셔요.
상담자 : 아니다, 그렇게 말씀하지 않으셨어. 지미! 다시 한번 읽어보렴.
지　미 : "아들을 믿는 자는 영생이 있고……."
상담자 : 그래. "영생이 있다."라는 말은 바로 지금 그것을 갖고 있다는 것이다. 나의 시계를 예를 들어 보자. "내가 그것을 얻을 것이다."라고 말해야 될까, 아니면 "바로 지금 그것을 갖고 있다."고 말해야 할까?
지　미 : "지금 그것을 갖고 있다."라고요.
상담자 : 맞아요! 네가 주 예수님을 믿는다면 하나님께서 뭐라고 말씀하실까?
지　미 : 내게 영생이 있다고요
상담자 : 너는 영원한 생명을 갖고 있니?

지　미 : 예, 갖고 있어요.
상담자 : 어떻게 그것을 알지?
지　미 : 바로 여기 구절에서 그렇게 말했기 때문이예요.
상담자 : 좋아, 지미! 내가 바라던 바가 바로 하나님의 말씀을 믿는 믿음이란다. 네가 여기서 나간 후 어떤 사람이 너에게 당신이 영생을 얻었다는 것을 믿을 수 없다고 한다면 너는 그를 믿는 것이 나을까, 아니면 하나님을 믿는 것이 나을까?
지　미 : 하나님을 믿는 편이 옳아요.
상담자 : 맞다! 이제 또 다른 구절을 살펴보자. 요한일서 5장 13절, 성경 뒷부분에 있다. 이번에는 내가 읽어 보겠는데, 선생님이 실수하지 않나 성경을 잘 보도록 해라. 네가 나의 실수를 잘 찾아내는지 못찾아내는지 보겠다. 준비됐니? 그 구절을 보고 주의 깊게 들어 봐. "내가 하나님의 아들의 이름을 믿는 너희에게 이것을 쓴 것은 너희로 하여금 너희에게 영생이 있음을 생각하게 하려 함이라."
지　미 : "생각하게"라고 잘못 읽으셨어요. "생각하게"가 아니라 "알게"라고 성경에 쓰여 있어요
상담자 : 아주 잘했다, 지미. 너는 하나님의 아들의 이름을 믿

니? 즉 너의 구주로 예수님을 믿니?
지　미 : 예, 믿어요.
상담자 : 그렇다면, 이 구절에서 하나님께서는 네가 무엇을 알기 원한다고 말씀하셨지?
지　미 : 내가 "내게 영생이 있음"을 알기를 원하셔요.
상담자 : 그래! 네게 영생이 있음을 알고 있니?
지　미 : 예, 알고 있어요.
상담자 : 네게 영생이 있다는 것을 어떻게 알지?
지　미 : 성경의 이 구절에서 그렇다고 했어요.
상담자 : 맞았다. 하나님께서 그렇게 말씀하셨으니 우리는 우리가 구원받았다는 것을 의심할 필요가 없단다. 즉, 성경 말씀을 통해 우리가 구원받았다는 것을 알 수 있는 거야.

기억할 요점들

어린이들이 바로 지금 구원받았다는 것을 확신하도록 노력하십시오. 이 확신은 하나님의 말씀에 기초를 두어야 합니다.

그러나 우리가 구원받은 후에도 우리 가운데 여전히 죄된 속성이 있음을 설명해 주십시오. 우리는 여전히 죄를 짓도록 유혹

받을 것이며, 때로는 죄를 짓기도 할 것입니다.

죄를 지었을 때 어떻게 해야 하는지 알려 주십시오. 요한1서 1장 9절에 따라 곧 하나님께 그 죄를 자백해야 합니다. 그리고 죄를 지었어도 여전히 하나님의 자녀임을 확신시켜 주십시오.

의도적으로 계속해서 죄를 짓는다면 하나님께서 징책하시고 채찍질하실 수도 있다는 것을(히 12 : 6, 7) 경고하십시오. 하나님은 우리를 사랑하시기 때문에 우리를 징책하시기를 원치 않지만 또한 죄 가운데로 나아가는 것도 원하지 않으신다는 것을 설명해 주십시오.

예수님을 구주로 영접한 것을 최소한 5명 이상에게 이야기하도록 하여 그리스도를 다른 사람들에게 증거하도록 격려하십시오. 어린이를 교회에서 계속 성장하도록 도우십시오. 다른 그리스도인들과의 교제가 필요합니다.

기억하세요— 애들은 애들입니다

몇몇 어린이들이 구원 초청 때마다 반복적으로 구원 상담을 하러 오는 것에 놀라지 마십시오. 어느 여름 캠프를 마친 후 한 어린 소년이 자기 어머니에게 달려가 흥분해서 말했습니다. "엄마, 나 이번 주에 구원을 세번 받았어요."

> 하나님의 계획과 열망은
> 전 가족이 구원받는 것이다.

이 이야기에 웃으실지도 모릅니다. 그러나 우리가 어린이들을 다루고 있다는 것을 잊어서는 안됩니다. 어린이들은 종종 처음 들을 때 그 진리를 제대로 파악하지도 못하면서 이해한다고 말할지도 모릅니다. 그러므로 인내심을 갖고 그 어린이가 확신을 가질 때까지 여러 차례 반복해서 그 구절들을 복습시켜 주어야 합니다.

어린이 사역자들은 또한 어린이가 주님께 그의 삶을 헌신할 때, 그가 현재 진리에 대해 이해하고 있는 범위 내에서 그렇게 한다는 것을 깨달아야 합니다. 그 어린이가 더 나이가 들면 이것은 재조정할 필요가 있을지도 모릅니다.

한 어린이가 앞으로 나와서 다시 주님께 자신의 삶을 맡긴다고 해서 그것이 이전에 드린 헌신이 진실되지 않았다는 것을 의미하지는 않습니다. 그들은 자신의 삶과 미래에 대해 이번 기회에 새로 받은 은혜를 바탕으로 헌신하러 매번 앞으로 나아오는 것입니다.

월드팀의 협동 창시자인 탐슨(E. V. Thompson)이 말했습니다. 그가 성장기에 있을 때 그는 여러 차례 앞으로 나아가 자신의 삶을 주님께 헌신했습니다. 그의 편에서 이것은 진실성의 결여라기보다는, 차라리 성령에 항상 민감했으며 언제나 그의 전부를 하나님께 드리고자 하는 열정 때문이었다고 했습니다.

효과적인 상담

어린이의 가족을 함께 전도하십시오!

부모들과 무관한 어린이 사역은 근시안적이며, 사역에도 한계에 부딪히게 됩니다. 하나님의 계획은 그 부모님들이 구원받고 영적으로 성숙해서, 그 부모들을 통해 어린이들이 계속 가르침을 받고 그 부모님들을 본받게 되는 것입니다.

하나님께서 우리를 개인으로 구원하시지만, 그분의 계획과 열망은 전 가족이 구원받는 것입니다. 하나님께서 노아에게 준비하라고 명하신 방주는 그 자신뿐 아니라 가족 모두를 구원하는 것이었습니다. 하나님께서 노아에게 말씀하셨습니다.

"너와 네 온 집은 방주로 들어가라."

그리고 유월절의 어린양은 그리스도를 말하는데, 그것은 개인뿐 아니라 가족을 위한 것이었습니다. 이것들과 성경의 다른 예들이 하나님께서 가족의 구원을 얼마나 중요하게 여기시는지 보여줍니다.

하나님의 은혜로, 우리가 노력하면 가족들을 몽땅 그리스도께로 인도하게 될 것입니다. 당신이 진정 어린이를 사랑한다면 그들의 부모들을 전도할 절호의 기회도 얻을 수 있을 것입니다.

13

메일 박스 클럽

어린이들을 그리스도께로 인도하며 그들이 말씀 안에서 바로 서도록 도와주는 가장 효과적인 방법 중 하나가 바로 성경 통신 교육입니다. 우리는 우리 자신의 경험을 통해 이 사실을 깨닫게 되었습니다. 우리는 우편을 이용하여 수천 명의 어린이들에게 복음을 전했으며, 그들 중 많은 어린이들이 우편 교재를 공부하면서 그리스도를 영접하였습니다. 이에 우리는 그들이 그리스도를 영접한 이후에도 구원의 확신을 갖고 하나님의 말씀 안에서 계속 성장하도록 도와줄 양육 방법이 일정기간 필요함을 깨달았습니다.

1965년, 이런 필요를 충족시키기 위해 우리는 성경 공부 내용을 정리 기록하여 어린이들에게 보내기 시작했습니다. 이 성경 통신 과정의 이름은 특별히 주님께서 우리에게 주셨는데, 그것은

"메일 박스 클럽"(Mail Box Club)이라는 이름입니다.
　이 이름은 어린이들에게 상당한 호기심을 끌고 있습니다. 왜냐하면 어린이들은 어떤 클럽 단체에 소속해서 우편물을 받는 것, 그리고 하나님에 대해 배우는 것을 좋아하기 때문입니다.
　처음 이 과정을 시작하자 그 호응이 예상 밖으로 대단했습니다. 그래서 우리는 용기를 얻어 좀더 깊이 있는 영적 진리들을 다루는 과정들을 추가하게 되었습니다. 그 결과 많은 어린이들이 영적으로 성장할 수 있었으며, 열매가 풍성한 승리하는 그리스도인들이 되도록 도울 수 있게 되었습니다.
　그래서 우리는 우리 자신의 경험을 통해 성경 통신 교육이 어린이들에게 대단히 효과적임을 확신합니다. 주님을 사랑하는 교사는 우편을 이용한 성경 교육의 방법을 시도해 보십시오. 여러분도 분명히 우리들처럼 어린이들을 그리스도께 인도하게 될 것입니다!

　성경 통신 교육이 효과적으로 이룰 수 있는 것들

　　1. 어린이 전도
　　2. 새신자 양육
　　3. 제자 삼기

메일 박스 클럽

> 어린이들은
> 어떤 단체에 소속해 있기를 좋아한다.
> 그들은 누군가로부터
> 우편물을 받는 것을 좋아한다.
> 그들은 하나님에 대해 배우는 것을 좋아한다.

1. 어린이 전도

우리가 처음 통신 교재를 만들기 시작한 것은 이미 예수님을 영접한 어린이들을 양육하려는 의도에서였습니다. 그러나 이를 시행하는 과정에서, 예수님을 믿지 않던 어린이들이 새롭게 주님을 믿기로 결심하는 것을 발견하고 놀랐습니다.

어느 날 어떤 호텔에 투숙하게 되었을 때의 일입니다. 10살쯤 되어 보이는 한 소년이 내가 묵을 방을 안내해 주었습니다. 나는 그 소년을 붙잡고 주님에 대해 길고 자세히 이야기할 처지가 못 되어서, 대신 성경 통신 교재를 건네주며 말했습니다.
"애야! 여기 재미있는 것이 있는데, 이것을 읽어보고 그 답을 써서 내게 우편으로 보내줄 수 있겠니? 그러면 내가 또 다른 것을 보내줄께. 모두 일곱 단원으로 되어 있단다. 그 과정을 다 마치면 너의 이름이 찍힌 예쁜 수료증도 보내 줄께."
며칠 후 그의 첫번째 답안(답장)이 도착했습니다. 그 학습지 맨 아래에는 다음과 같은 질문이 있었습니다.
"당신은 주 예수님을 당신의 구주로 영접했습니까?"
이 질문에 그는 "예."라고 답을 적어 왔습니다. 그 다음 질문은 "언제요?"라는 것이었는데, 그의 대답은 "바로 지금이요."였습

니다.

어느 여름, 북캐롤라이나에 있는 산에서 저는 "메일 박스 클럽"의 새 단원을 쓰고 있었습니다. 그 작업에 따른 긴장감을 해소하기 위해 오후 늦게 한적한 뒷길을 따라 조깅을 하곤 했습니다.

어느 날 오후, 몇몇 어린이들이 길 옆에서 놀고 있는 것을 보았습니다. 그 다음날 오후에는 뒷주머니에 메일 박스 클럽 교재를 가득 집어넣고 나갔습니다. 조깅을 하던 나는 그 어린이들을 보고 멈추어 서서는 메일 박스 클럽이 무엇인지 설명하면서 그들과 이야기를 나누었습니다. 그리고 나서 그들 각자에게 교재 1단원을 나누어 주었습니다. 얼마 되지 않아 이 어린이들 중 한 명이었던 산드라라는 어린 소녀로부터 회답을 받기 시작했습니다.

그때로부터 6주 후에, 산골 어린이들을 위해 설립된 학교와 기숙사가 있었는데 그곳에서 사감으로 일하는 선생님으로부터 편지가 한 통 배달되었습니다. 그녀는 산드라의 교재들을 보았는데 참 좋은 것 같다며, 기숙사에 있는 다른 23명의 소녀들에게도 그 교재를 보내줄 수 있는지 부탁해 왔습니다. 물론 우리는 곧 그것들을 보내주었습니다.

메일 박스 클럽

> 이 세상에서
> 영적 유아들을 낳은 우리는
> 그들을 계속 먹이고 돌봐 줄
> 책임이 있다.

10일 후, 저는 지금까지 받아 본 편지 중에서 가장 놀랍고 흥분스런 간증을 담은 편지를 그 선생님으로부터 받게 되었습니다.

그녀는 그 통신 교재들을 기숙사의 소녀들에게 나눠 주고 취침 전 기도 시간에 공부하라고 일러주었답니다. 그런데 잠시 후에 누가 그녀의 방문을 노크해서 문을 열어 보니 한 소녀가 메일 박스 클럽 교재를 손에 들고 문 밖에 서 있었는데 뺨에 눈물을 흘리며 예수님을 마음속으로 영접하고 싶으니 함께 기도해 달라고 그녀에게 왔다는 것입니다.

그래서 선생님은 그 소녀를 위해 기도해 주고, 소녀가 그리스도를 개인의 구주로 믿고 영접한 것을 함께 기뻐했답니다. 그런데 그 일이 다 끝나기도 전에 다른 소녀 한 명이 방문을 노크하는 것이었고, 그녀도 역시 예수님을 마음으로 영접하기를 원했답니다. 그녀가 그 소녀와 상담하는 것을 끝내기도 전에 또 다른 소녀가 문 밖에서 기다리고 있었고…….

그날 밤 내내 그녀의 방에는 어린 소녀들이 줄을 이었고, 그리고 그날 밤에 18명의 소녀들이 그리스도를 구주로 영접했다고

우리 선생님은 참 재미있어요

합니다. 할렐루야!

2. 새신자 양육

하나님께서 부모에게 아이를 선물로 주셨습니다. 새로 갓태어난 아이는 누군가가 먹여 주고 사랑해 주고 돌봐주어야 합니다. 영적인 세계에서도 마찬가지입니다.

오덴웰더(Helen Odenwelder)양은 말했습니다.

"이 세상에서 영적 유아들을 낳은 우리는 그들을 계속 먹이고 돌봐 줄 책임이 있습니다."

온갖 열심을 다해 어린이들에게 그리스도를 영접하도록 해 놓고는 그저 아이스크림이 녹아 없어지듯이 그들을 놓쳐버리는 것은 대단히 어리석고 근시안적인 일입니다. 우리는 적합한 양육과정을 통해 그들이 열매를 맺으며 승리하는 그리스도인이 되도록 계속적으로 도와주어야 합니다. 그렇게 함으로써 우리의 사역도 최대의 효과를 거둘 수 있게 될 것입니다.

뉴욕에 사는 한 중국계 소녀가 다음과 같은 편지를 보내 왔습니다.

> 조지 이거 선생님,
> 주 예수님께서 분명 제 마음 속에 오셔서 살아 계십니다.
> 그리고 이 사실은 영원히 계속될 것입니다.
> 이 모든 것은 모두 '메일 박스 클럽' 덕분입니다.
> 이 과정은 제게 주 예수님을 나의 구주로 영접하는 방법을 가르쳐 주었습니다.
> 또한 우리의 삶이 영원하다는 것과, 우리의 적들이 과연 누구이며, 그리고 무엇이 옳고 그른지를 제게 가르쳐 주었습니다.
> 저에게 이것들은 마치 주일학교와 같았습니다.
> 저는 부모님이 믿지 않으시는 분들이기 때문에 저 혼자 교회나 주일학교에 다닐 수 없었습니다……."
> (주 : 미국은 부모가 차로 교회에 데려다 주지 않으면 멀어서 혼자 걸어갈 수가 없습니다.)

3. 제자 삼기

어린이가 구원받고 그의 구원을 확신하게 되는 것은 놀라운 일입니다. 그러나 그 이상의 책임이 또한 우리에게 있습니다. 그

것은 바로 제자를 삼는 일입니다. 이것은 우리 주님께서 명하신 것입니다.

초신자는 성경의 위대한 진리의 말씀들을 체계적으로 가르침 받아야 합니다. 어떻게 할 수 있습니까? 성경 통신 교육이 한 방법입니다.

20세의 아들을 둔 어머니가 다음과 같은 편지를 보내 왔습니다.

"제 아들이 7세였을 때, 그가 당신의 설교를 들었습니다. 그때 이후 그는 메일 박스 클럽 교재들을 통해 성경 말씀을 사랑하도록 계속적으로 가르침을 받았고, 그래서 지금까지 성경을 사랑하며 지켜 행하고 있습니다."

한 10대 소녀는 다음과 같은 편지를 보내 왔습니다.

"저는 다섯살 때부터 몇 년 동안 꾸준히 선생님의 메일 박스 클럽 회원으로 성경공부를 했던 소녀입니다. 그때 저는 통신 교육을 정말로 즐기며 사랑했습니다. 그런데 아직도 선생님은 어린이들을 위한 통신 교재를 가지고 계시는지 궁금합니다. 저는 지금 교회에서 6세에서 10세의 어린이들

메일 박스 클럽

> 우리가 한 영혼을 그리스도께로 인도할 때
> 어린이 한 명만을 얻게 된다. 그러나 장차 여호수아와
> 같이 될 어린이 한 명을 전도한다면, 한 민족 전체를
> 젖과 꿀이 흐르는 하나님 나라에 인도하는
> 놀라운 결과를 가져올 것이다.

을 가르치고 있는데, 선생님의 교재들로 우리 어린이들에게 가르치고 싶습니다. 옛날에 그 내용들이 제게 감명을 주었으므로, 지금 우리 어린이들에게도 똑같은 감명과 도움이 되리라 생각합니다."

메일 박스 클럽의 고급 과정에서는 주 예수님의 인격과 사역, 그리스도의 죽으심과 장사지내심 그리고 부활을 통한 주님과 우리의 연합 등과 같은 더 깊은 진리의 말씀들을 가르칩니다. 어른들과 마찬가지로 어린이들도 이런 놀라운 진리들을 알고 이해할 필요가 있습니다.

페짓 윌크스(Padget Wilkes)는 말했습니다.

"우리가 한 영혼을 그리스도께 인도할 때 어린이 한 명만을 얻게 됩니다. 그러나 장차 여호수아와 같이 될 어린이 한 명을 전도한다면, 그것은 장래에 한 민족 전체를 젖과 꿀이 흐르는 하나님의 나라에 인도하는 놀라운 결과를 가져올 것입니다. 또한 여호수아와 같이 된 이 한 사람이 장차 여호수아처럼 자랄 또 다른 어린 영혼들을 전도하면, 종국에는 많은 사람들이 그리스도께로 돌아오는 놀라운 결실을 얻게 될 것입니다."

　어린이들은 자기 이름으로 온 우편물을 받는 것을 대단히 좋아합니다. 그것은 마치 자기가 어른이 된 것처럼 여겨지기 때문입니다. 여러분도 "메일 박스 클럽"을 시도해 보십시오. 그러나 절대로 성경 통신 교재를 충실히 준비하기 전에 섣불리 시도하지는 마십시오. 그리고 약속된 날짜에 분명히 우편물을 발송해야 합니다. 우편물을 더디게 발송하거나, 또는 1-2회 발송하다가 중단하면 어린이에게 도리어 불신감만 심어줄 수가 있습니다.

　여러분이 낙도나 도서 산간 지방의 어린이들을 메일 박스 클럽을 통해 전도와 양육, 그리고 제자삼기를 시도해 보십시오. 하나님께서 여러분의 열정에 축복해 주실 것을 믿습니다.

　그리고 여름 수련회를 다녀온 후, 수련회 기간 중 결신하거나 헌신한 어린이들을 계속적으로 양육할 필요성이 있을 때 우편을 이용한 양육은 좋은 방법입니다. 먼저 시도해 보십시오. 그러면 기대 이상의 열매를 거두게 될 것입니다.

> 성경 말씀처럼 그렇게 삶을 깊이 있게 꿰뚫으며, 그렇게 담대히 증거하며, 그렇게 영구히 우리와 함께하며, 그리고 인쇄물로써 그렇게 불가항력적으로 사람들에게 영향을 미칠 수 있는 것은 아무것도 없습니다.
>
> —사무엘 웨머 박사—

14
승리하는 삶의 비결

"우리 주 예수 그리스도로 말미암아
우리에게 이김을 주시는 하나님께 감사하노니"
(고전 15 : 57)

어린이들을 그리스도께로 인도하는 것은 놀라운 일입니다. 그러나 우리의 사역이 여기서 끝나면 안 됩니다. 우리는 그들에게 승리의 삶을 사는 법을 가르쳐야 합니다.

무엇보다 안타까운 일은, 어린이들과 젊은이들이 그리스도께 인도함을 받은 후에도 자기 스스로의 힘으로 세상과 육신과 그리고 마귀를 대항해 힘겹게 싸우도록 내버려지는 것입니다.

어린 그리스도인들에게 "성경을 읽고 기도하고 교회에 다니세요"라고 말해주는 것만으로는 불충분합니다. 이 세상에는 너무나 많은 유혹들이 도사리고 있기 때문입니다. 육신의 정욕과 세상의 쾌락은 결코 무시할 수 없습니다. 사탄의 역사도 막강합

우리 선생님은 참 재미있어요

니다. 그래서 어린이들은 이런 유혹들에 대해 하나님께서 주시는 이기는 방법을 알 필요가 있습니다.

이 방법을 하나님의 진리의 말씀에 기초하여 설명하고자 합니다. 이 진리의 말씀들이 쉽게 이해되도록 전해질 때, 어린이들은 기꺼이 이 말씀을 부여잡고 살아가려고 결심하게 됩니다. 그러므로 가능한 한 쉽게 설명하도록 노력하십시오.

그러기 위해서는 먼저 당신이 이 진리들을 충분히 이해하고 있어야 합니다. 그 후에 이해한 내용을 당신의 말로 풀어서 설명하십시오.

1. 어린이 자신이 구원받은 것을 확신하도록 가르치십시오.

어린이가 구원의 확신이 있으면, 자기가 이미 승리했다는 것도 확신하게 됩니다. 이런 구원의 확신은 하나님의 말씀에 기초하여 얻을 수 있습니다.

구원의 확신에 관한 성경 말씀들 중 가장 명백하고 단순한 말씀은 요한복음 10장입니다. 여기서 예수님은 "내 양은 내 음성을 들으며 나는 저희를 알며 저희는 나를 따르느니라 내가 저희에게 영생을 주노니"(요 10 : 27, 28)라고 말씀하셨습니다.

이 구절들은 어린이들이 쉽게 잘 이해합니다. 우리가 예수님을 구주로 모실 때 우리는 그의 "양"이 됩니다.

예수님께서 그의 양들에게 무엇을 주셨습니까? "영생"을 주셨습니다.

그 영생 이란 무엇입니까? 바로 영원히 죽지 않고 사는 것입니다.

예수님은 계속 말씀하셨습니다.

"영원히 멸망치 아니할 터이요 또 저희를 내 손에서 빼앗을 자가 없느니라 저희를 주신 내 아버지는 만유보다 크시매 아무도 아버지 손에서 빼앗을 수 없느니라"(요 10 : 28, 29).

이 말씀을 어린이에게 설명해 줄 때, 이미 그가 그리스도의 손과 하나님 아버지의 손 안에 있으므로 어느 누구도 아버지와 아들의 손에서 빼앗아 갈 자가 없다는 것을 강조해 주십시오.

또한 하나님의 진리의 말씀들을 균형 있게 배우기 위해 예수님의 양들은 그를 따라가야 한다는 것을 설명해 주어야 합니다. 만약 양들이 예수님을 따라가지 않는다면 이러한 약속들은 보장받을 수 없습니다.

2. 예수님께서 우리 안에 계심을 가르치십시오.

"너희 안에 계신 그리스도"(골 1 : 27)라는 말씀은 어린이들에게 쉽게 수용되고 이해되는 말씀입니다. 어린 이가 자기 마음 속에 예수님을 영접하 여 구원받았음을 이해한다면, 그리스 도께서 지금도 그의 안에서 살아계신 다는 사실을 이해하고 확신하는 것은 어렵지 않습니다. 사도 바울도 "내 안  에 그리스도께서 사신 것이라"(갈 2 : 20)고 말했습니다. 예수님 을 우리의 구세주로 영접했다면 우리 역시 이렇게 말할 수 있습 니다.

이 진리의 말씀이 어린이들로 하여금 유혹을 물리치는 데 특 별히 도움이 될 수 있는 것은 "우리 안에 살아계신 그리스도는 세상 마귀보다 더 위대하시고 강하시다"는 사실을 알게 될 때입 니다. 성경은 "너희 안에 계신 이가 세상에 있는 이보다 크심이 라"(요일 4 : 4)라고 증거합니다. 이 구절을 주의 깊게 설명해 주고 반드시 암송시켜야 합니다.

승리하는 삶의 비결

> 어린이들을 그리스도께
> 인도하는 것은 놀라운 일이다.
> 그러나 우리의 사역이
> 여기에서 끝나면 안된다.
> 그들에게 승리의 삶을 사는 법을
> 가르쳐야 한다.

3. 우리가 예수님 안에 있음을 가르치십시오.

우리 안에 그리스도께서 계실 뿐만 아니라 우리 역시 "그리스도 안"에 있습니다.

예수님을 자신의 구주로 영접할 때 하나님께서는 우리를 그리스도 안에 놓으십니다.

고린도전서 1장 30절에서 성경은 "너희는 하나님께로부터 나서 그리스도 예수 안에 있고……."라고 말합니다.

"그리스도 안"에, 또는 "그 안에"라는 구절이 신약성경에 여러 번 나옵니다. 하나님께서는 우리가 그리스도 안에 있음을 알기를 원하십니다. 이 진리가 승리의 비결을 이해하는 데 핵심적인 열쇠가 됩니다.

그리스도 안에 있다는 것이 무엇을 의미하는 것입니까? 그 것은 그리스도와 동일한 지위를 갖고 그분께서 행하신 모든 것에 동참하는 것을 말합니다. 우리는 예수님 안에서 그의 죽으심, 그의 장사지내심, 그리고 그의 부활에 동참했습니다. 성경은 우리가 "그리스도와 함께 십자가에 못박혔"으며, "그와 함께 장사"지낸

우리 선생님은 참 재미있어요

바 되고, "그와 함께 살리심"을 받았다고 증거합니다.

그러면 우리가 어떻게 "그리스도와 함께 못박힌 것"을 알 수 있습니까?

이 진리를 가르치는 데 가장 훌륭한 방법 중 하나인 다음의 종이 인형 예화를 사용하십시오. 작은 종이 인형을 만들어 다음과 같이 진행하십시오.

소년 소녀 여러분, 성경은 우리가 구원 받을 때 하나님께서 우리를 그리스도 안에 있게 하신다고 말하고 있어요. 이 작은 종이 인형이 우리 자신이라고 하고, 이 책은 예수 그리스도라고 생각해 봅시다. 하나님께서 우리를 그리스도 안에 거하게 하신다고 말씀하셨으니까 이 작은 인형을 이 책 속에다 집어넣어 보겠어요.

지금 이 작은 인형이 이 책 속에 있어요.

자, 우리가 이 책을 바닥에 놓는다면 그 작은 인형은 어디에 있게 되죠? 그것은 바닥에 있게 돼요. 왜죠? 그것은 그 작은 인형이 책 안에 있기 때문이죠.

• 170 •

승리하는 삶의 비결

　그럼 이제 이 책을 피아노 위에 놓아 봅시다. 지금 인형이 어디 있을까요? 그래요, 피아노 위에 있어요. 왜냐하면 그 인형은 이 책 속에 들어 있기 때문이에요.
　이번에는 이 책을 잘 포장해서 뉴욕으로 소포로 부친다고 가정해 봅시다. 인형이 어디로 갈까요? 예, 그것은 책 안에 있기 때문에 책과 함께 뉴욕에 가게 되는 것입니다.
　이제는 이 책을 물 속에 집어넣는다면 그 인형은 어떻게 될까요? 그것이 책 안에 있기 때문에 역시 물 속에 있게 되지요. 이 책에 일어나는 일이 그 인형에도 똑같이 일어나게 됩니다. 왜냐하면 그 작은 인형은 바로 이 책 안에 있기 때문이에요.
　하나님께서 우리를 구원하셨을 때 우리들을 십자가에 달리신 그리스도 안에 있게 하셨어요. 우리가 그리스도 안에 있기 때문에 그리스도께서 당하시는 일 역시 우리도 당하게 됩니다. 그리스도께서 십자가에 못박히셨을 때 우리도 그와 함께 십자가에 못박혔어요.
　그가 죽으셨을 때 우리도 그와 함께 죽었으며, 그가 무덤에 내려가셨을 때에는 우리도 그와 함께 무덤 속에 들어갔고, 그가 다시 살아나셨을 때 우리도 그와 함께 다시 살아난 것입니다.

4. 그리스도 안에서 사탄의 권세로부터 해방되었음을 가르치십시오.

우리가 그리스도의 죽으심과 부활하심에 있어서 그와 연합하였으므로, 우리는 사탄의 흑암의 권세에서 해방되어 하나님의 사랑하는 아들의 나라로 옮겨짐을 받았습니다.

우리가 메일 박스 클럽 교육의 고급 과정을 집필할 때, 우리는 간결한 언어와 예화들을 사용하여 이 진리를 자세히 설명했습니다. 여기에 그 과정에서 사용된 설명을 간단히 요약해 보겠습니다.

최초의 사람 아담을 하나님께서 창조하셨습니다. 아담이 최초의 사람이었기 때문에 그가 인류의 조상이요 대표가 되었습니다. 그래서 그가 행한 것은 하나도 빠짐없이 그대로 모든 인류에게 영향을 미쳤습니다.

아담이 타락하기 전에 죄는 이미 우주에 들어와 있었습니다. 사탄이 하나님을 반역했으며, 하늘의 천사들 중 3분의 1이 반역자인 사탄을 뒤따라서 "흑암의 나라"로 알려진 나라를 만들었습니다.

승리하는 삶의 비결

> 말씀이 쉽게 이해되도록 전해질 때,
> 어린이들은 기꺼이 그 말씀을 부여잡고
> 살아가려고 결심하게 된다.
> 가능한 한
> 쉽게 설명하라.

그런데 아담이 하나님께 불순종함으로써 죄를 지어 에덴동산에서 쫓겨나, 어두움의 사탄의 나라와 죄의 권세 아래 놓이게 되었습니다. 아담이 인류의 조상이었으므로 그의 후손인 모든 인류들은 자동적으로 아담과 함께 죄의 권세가 지배하는 어두움의 나라에 속하게 되었습니다.

아버지가 낙도에 가서 살면 태어나는 아이도 낙도에서 살게 되고, 아버지가 서울에서 살면 태어나는 아이 또한 서울에서 살게 되는 것과 같은 이치입니다.

아담은 죄 없이 창조되었지만 하나님께 불순종한 후에 죄성을 갖게 되었습니다. 당연히 아담의 죄는 그의 자녀들과 인류에게 전해졌습니다. 백인이 백인을 낳고, 흑인이 흑인을 낳는 것과 같은 이치입니다. 성경은 한 사람이 순종치 아니함으로 많은 사람이 죄인 되었다(롬 6 : 19)고 말하고 있습니다.

그래서 날 때부터 어두움의 나라와 죄의 권세에 속한 불쌍한 처지의 사람들을 건져 주시기 위해 예수님께서 이 세상에 오신 것입니다. 그리고 어둠의 나라에 있는 우리를 대신하여 십자가에서 우리의 죄값을 치르셨습니다.

그리스도께서 죽으셨을 때 무슨

일이 일어났습니까? 그분은 죄가 다스리는 어두움의 나라를 통과하셨습니다. 무덤에 장사되었다가 3일째 되는 날 사망과 흑암을 다스리고 있는 사탄의 권세를 굴복시키시고 다시 살아나신 것입니다.

　그분은 부활하시고 승리하셔서 새로운 빛의 나라를 세우셨습니다. 이 왕국은 또한 "하나님의 사랑하는 아들의 나라"라고도 합니다. 왜냐하면 주 예수님께서 이 나라를 다스리시기 때문입니다.

　여기에 성경에서 가장 놀라운 진리들 중 하나가 있습니다. 그리스도께서 사탄의 흑암의 나라에서 그 권세를 이기시고 나오사 빛의 나라로 오셨을 때, 그가 우리를 함께 사탄의 권세에서 해방되게 하셨다는 것입니다.

　예, 그렇습니다. 하나님께서 우리를 십자가의 그리스도 안에 두셨습니다. 그리스도께서 죽으셨을 때 우리도 그와 함께 죽었습니다. 그가 무덤에 계실 때 우리도 그와 함께 무덤에 들어갔습니다. 그가 부활하셨을 때 우리도 그와 함께 부활했습니다. 우리는 더 이상 죄가 다스리는 어두움의 나라에 있지 않습니다. 우리는 "하나님의 사랑하는 아들의 나라" 안에 있습니다.

　우리가 그리스도와 함께 죽고, 장사지낸 바 되고, 부활함으로 말미암아 우리는 어두움의 나라에서 해방되어 하나님의 아들의 나라 안에 옮겨 놓은 바 되었습니다.

성경은 증거합니다. "아버지께 감사하게 하시기를 원하노라 그가 우리를 흑암의 권세에서 건져내사 그의 사랑의 아들의 나라로 옮기셨으니"(골 1 : 12, 13).

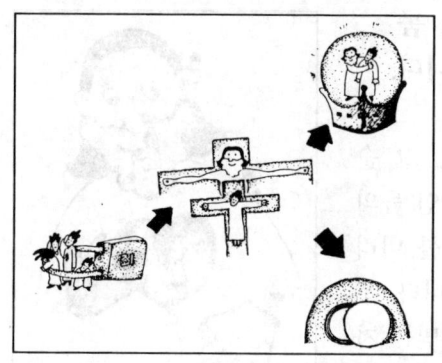

이런 사실이 우리에게 무엇을 뜻합니까? 우리가 그리스도 안에 있으므로 사탄이 다스리는 어두움의 나라에서 해방되었다는 것입니다. 죄가 더 이상 우리를 지배하지 못합니다. 그리스도께서 우리의 새 주인이십니다.

그러면 이것은 우리가 이제 더 이상 죄를 짓지 않는다는 것을 의미합니까? 그것은 아닙니다. 우리가 이 세상에 살고 있는 동안 우리는 죄를 지을 수 있습니다. 그러나 같은 죄를 계속 반복적으로 지어서는 안 됩니다. 우리는 죄의 유혹이 다가올 때 죄에게 명령합니다.

"무슨 무슨 죄야, 나는 너와 상관이 없다. 너는 나를 지배하지 못한다. 더 이상 너는 나를 죄짓게 못한다. 나는 예수님의 나라에

우리 선생님은 참 재미있어요

속해 있다. 나는 예수님의 명령만 따른다."
　이렇게 단호하게 결심하고 외칠 때 죄악의 유혹은 우리에게서 사라져 버리고 맙니다.

5. 우리는 그리스도의 몸임을 가르쳐야 합니다.

　누구든지 주님을 믿으면, 그 순간 우리는 그리스도의 영적인 몸의 구성원이 됩니다. 그리스도를 머리로 모신 지체가 되는 것입니다. 우리는 이 지체를 다른 모든 믿는 자들과 함께 이루게 됩니다. 지역 교회는 이 몸의 가장 대표적인 지체인 것입니다. 성경은 말합니다.
"이와 같이 우리 많은 사람이 그리스도 안에서 한몸이 되어 서로 지체가 되었느니라"(롬 12 : 5).
　이 말씀은 성도가 다른 성도들과 무관하게 신앙 생활한다는 것이 얼마나 불가능한지 보여줍니다. 그래서 우리는 어린이에게 지역 교회에 분명히 소속되어 꾸준히 출석하는 것의 중요성을

> 두 부류의 교사가 있다.
> 하나는
> 자기가 아는 것을 가르치는 교사이고,
> 하나는
> 자기가 행하는 바를 가르치는 교사이다.

강조해 주어야 합니다.

성경은 "모이기를 폐하는 어떤 사람들의 습관과 같이 하지 말고"(히 10 : 25)라고 말합니다.

우리는 다른 믿는 자들과 함께 더불어 지체를 만들고 있습니다. 그러므로 어린이들에게 자신이 연약할 때 항상 다른 지체들이 기도로, 권고로 격려하고 도와준다는 사실을 알게 해야 합니다.

또한 우리의 죄악이 다른 지체에게도 악영향을 준다는 것을 경고해야 합니다. 그리고 교회에 해를 입히거나 교회와의 관계를 함부로 끊지 않도록 가르쳐야 합니다. 그것은 하나님의 몸을 상처입히는 것이므로 결코 하나님의 축복을 받지 못한다는 것을 명심하도록 가르쳐야 합니다.

6. 자기 삶을 주 예수 그리스도께 완전히 헌신하도록 가르치십시오

자신의 삶을 전적으로 주님께 맡기지 않는 성도는 결코 승리의 삶을 살 수 없습니다. 어린이들은 다음의 세 가지 위대한 진리를 배울 필요가 있습니다.

우리는 주 예수님의 것입니다.
예수님이 우리를 그의 피값으로 사셨습니다(베드로전서 1 : 18, 19과 고린도전서 6 : 19, 20을 참조하십시오).

예수님은 우리의 주님이십니다.
"주님"은 "주인"을 말합니다. 그러므로 주님께 순종해야 합니다(로마서 14 : 9과 누가복음 4 : 46을 보십시오).

우리는 그리스도와 함께 죽었으며 또 그리스도와 함께 부활했습니다.
우리는 "죽은 자 가운데서 다시 산 자같이" 우리를 주님께 드려야 합니다(로마서 6 : 1 - 14과 고린도후서 5 : 14 - 15을 보십시오)

7. 우리가 그리스도와 동행함을 가르치십시오.

주 예수님은 우리 안에 오셔서 살아계시사 우리가 필요로 하는 모든 것이 되어 주셨습니다.
주님은 인격이십니다. 인격 대 인격의 만남은 대화하며 서로를 인정해 주는 것이 필요합니다. 부부 사이에 서로를 부부로 인정해 주지 않고 대화를 나누지 않으면 곧 그 관계는 파국을 맞게 될 것입니다. 우리는 늘 주님을 인격체로 인정하고 그 분과 대화할 수 있어야 합니다.

주님께서 우리에게 말씀하십니다.

"나는 너의 사랑이요, 너의 인내가 된다. 나는 너의 기쁨이며, 너의 힘이며, 너의 승리며 또한 너의 생명이 된다. 나는 네가 필요로 하는 모든 것이다."

그러면 우리는 다음과 같이 대답합니다.

"네, 주님. 저의 기쁨은 오직 주님뿐이시며, 저의 유일한 소망도 주님이시고, 제게 필요한 모든 것도 오직 주님 한 분뿐입니다."

성령님도 우리에게 "그리스도와 동행하라"고 명령하십니다. 이것은 범사에 그 분께 순종하는 것이요, 그를 의지하는 것이며, 우리가 직면한 모든 문제들을 그리스도께 다 내어놓고 맡기는 것을 의미합니다.

이것을 시청각 자료인 그림을 그려 설명하면 보다 쉽게 설명할 수 있습니다. 시청각 자료를 이용하면 아이들은 "그리스도 안에 거한다"는 사실이 무엇을 의미하는지 금방 이해할 수 있습니다.

교사는 미리 두꺼운 종이 한 장에 아래와 같이 예수님 그림을 준비하여 칠판에 붙입니다. 그리고 그 안에는 우리가 그리스도와

우리 선생님은 참 재미있어요

동행할 때 주시는 모든 것-사랑, 소망, 기쁨 등등-을 설명해 가면서 설교 시간에 예수님의 가슴 부위에 직접 써 넣습니다.

아니면, 미리 준비한 카드를 예수님 그림의 가슴 부위에 붙일 수도 있습니다. 사랑, 소망, 기쁨 등을 어린이의 상반신이 나오는 그림으로 그려서 붙이면 더욱 좋습니다.

다음에 교사는 볼펜 또는 인형을 이 그림의 가운데 두고서 말합니다.

"여러분, 이 연필이 예수님의 정중앙에 위치하고 있는 것처럼, 여러분도 그리스도 안의 정중앙에 있기를 바랍니다. 그 안에는 우리를 행복하게 만들고, 사랑하게 하며, 순종하게 하는 모든 좋은 것들이 가득 있습니다. 그러나 이 예수님 밖에는 불행과 슬픔들이 있어요. 우리가 그리스도를 떠나가면, 즉 주님과 동행하지 못하면 우리는 교만과 분노와 괴로운 삶을 살게 돼요."라고 말하면서 한 가지씩 적어 넣습니다. 이때 어린이들이 한 가지씩 대답하도록 질문할 수도 있습니다.

그리고 다음과 같이 설명하십시오.

교　사 : "여러분이 지금 분노를 느낀다면 그리스도와 동행하는 것인가요?"
아이들 : "아니요."

교 사 : "지금 하나님의 사랑을 느낀다면 그리스도와 동행하는 것인가요?"
아이들 : "예."

우리 선생님은 참 재미있어요

교 사 : "그럼 분노를 느낄 때는 어떻게 해야 하나요? 그 때에는 우리는 먼저 내가 주님을 멀리 떠나 바깥 세상으로 나갔다는 사실을 깨달아야 해요(볼펜, 또는 인형을 예수님 바깥으로 옮긴다). 그리고는 빨리 주님 품속으로 다시 들어가도록 기도해야 해요."
(실제로 눈을 감고 손을 모아 회개하는 기도를 드린다. 그리고 요한 1서 1장 9절 말씀처럼 죄를 자백하고 회개함으로써 다시 주님 안으로 들어갈 수 있음을 설명한다.)
교 사 : "여러분, 이제 하나님의 사랑을 느낍니까?"
아이들 : "예."
교 사 : "그럼, 지금 우리는 어디에 살고 있지요?"
아이들 : "그리스도 안이요!"

지금까지 14장에서 다룬 몇 가지 원리들은 종종 "깊은 신앙의 원리"라고 불립니다. 그래서 나이가 들거나 성숙한 그리스도인들만 이해할 수 있는 것이라고 간주되곤 합니다. 그러나 그것들을 알아듣기 쉬운 방법으로 전해 준다면 어린이들도 쉽게 이해할 수 있습니다.

두 부류의 교사가 있습니다. 한 부류는 자기가 아는 것을 가르치고, 다른 한 부류는 자기가 행하는 바를 가르치는 교사입니다.

사탄과 죄와 육신의 유혹이 많은 이 세상에서 승리하는 그리스도의 참된 어린이로 키우려면, 먼저 교사 자신이 위의 원리들을 적용해서 승리하는 삶을 살아야 합니다. 그래서 승리하는 삶의 참모습을 보여주며, 자기 체험에서 나온 경험이 바탕이 된 설명으로, 승리하는 삶이 과연 어떤 것인가를 가르쳐 주어야 합니다.

이것을 지식으로만 가르치지 마십시오. 그것은 한갓 지루하고도 딱딱한 이야기에 불과합니다. 어린이들은 당신의 자신있고 확신에 찬 생활에서 나오는 가르침에 귀를 기울이고 또한 도전을 받게 될 것입니다.

3부
하나님이 쓰시는 사람

    어떤 사람이 외적으로 나타내는 방언이나 신유 등의 은사 또는 능력을 보고 그 사람의 영적인 깊이를 가늠하는 것은 종종 오류를 범할 수 있습니다. 은사만 가지고는 평생 하나님의 쓰임을 받지 못합니다.

    물론 예언을 한다거나 또는 병고치는 등의 은사들은 분명히 나타나야 하고 그것들은 유용할 때가 종종 있습니다.

    그러나 성령님의 궁극적인 목적은 은사를 나타내는 것보다 한 차원 더 높은 데 있습니다. 그것은 바로 십자가의 깊은 진리를 깨닫게 함으로써, 사람들이 진정한 마음으로 예수 그리스도의 형상을 본받아 살게 하려는 데 있습니다. **성령님이 궁극적으로 우리에게 원하시는 것은 우리 각자의 모습 가운데 예수님의 형상이 나타나는 것입니다.**

    성령님은 우리가 어떤 사역을 통해 커다란 업적을 이루거나 혹은 어떤 감동적인 설교를 하는 것보다, 우리 자신 각자가 평소에 어떠한 사람으로 사는가를 더욱 중요하게 여기십니다. 우리는 우리가 가르치고 설교하는 대로 자신이 먼저 그대로 살아야 합니다.

너무도 많은 사람들이 가르치고 설교하지만, 예수님처럼 삶의 모범을 보여주는 사람은 적습니다. 세월이 흐른 뒤에도 진정 성공적인 사역을 감당했다고 존경받는 교사는, 무엇을 잘 가르친 사람이기보다는 자신이 먼저 진정한 그리스도인의 삶을 살았다는 모범을 보여주는 사람입니다.

우리는 모두 그 아들의 형상을 본받게 하기 위하여 창세 전에 예정된 사람들입니다(롬 8 : 29). 이것이 바로 하나님께서 진정 우리에게 원하시는 것입니다.

예수 그리스도의 십자가 사건에 깊이 감동한 사람은 그 큰 감동으로 인하여 진실된 마음을 갖게 되며 자발적으로 그리스도의 삶을 본받아 살게 되어 있습니다.

다시금 말씀드리거니와, 우리 각자가 가진 영성의 깊이는 바로 우리 삶에 드러나는 예수 그리스도의 인격적 모습(형상)에 있는 것이지 단순한 은사나 설교, 또는 업적에 있는 것이 아니라는 사실을 꼭 기억하십시오.

15
교사도 승리해야 합니다

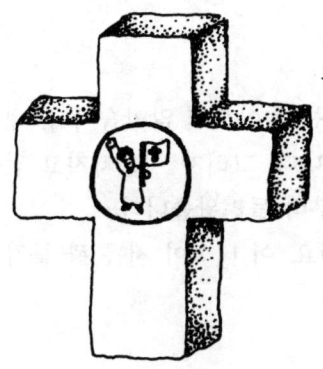

적진으로 처음 야간 정찰을 나간 신참내기 병사가 한 명 있었습니다. 얼마 후에 그는 임무를 마치고 돌아와서 의기양양하게 이렇게 보고했습니다.

"대장님, 제가 적군 한 명을 포로로 붙잡았습니다."
"오, 잘했다. 그를 데리고 와라!"

대장은 이렇게 명령한 후에 다시 그를 보냈습니다. 그런데 잠시 시간이 지난 후에 저쪽 숲속에서 다음과 같은 신참내기 병사의 목소리가 들렸습니다.

"대장님, 이 녀석이 도무지 말을 듣지 않아요. 저를 따라오지 않습니다."
"좋다, 그럼 그를 놔두고 너 혼자만 돌아오너라."

그런데 한 동안 시간이 지나도 그는 돌아오지 않았습니다. 대장은 숲을 향해 부하를 불러 보았습니다. 그러자 기운빠지고 겁에 질린 부하의 목소리가 숲속에서부터 들려왔습니다.

"대장님, 돌아갈 수가 없게 되었어요. 이 녀석이 저를 꽉 붙잡고 놓아주지 않아요······."

우리가 솔직히 우리 자신들의 모습을 돌아본다면, 이 신참내기 병사의 이야기가 바로 용감하다고 자처하는 우리 십자가 군사들의 체험담이 될 것입니다. 우리가 세상을 정복하러 나가지만 얼마 못 가서 우리는 도리어 세상과 육신과 죄의 권세에 정복당하고 맙니다.

이렇게 우리 자신이 먼저 지게 되면 주일학교에서 어린이들에게 승리의 삶을 가르치지 못하게 됩니다. 우리가 어린이들에게 승리의 삶을 가르치려면 우리 자신이 먼저 승리하는 그리스도인이 되어야 합니다.

그러면 하나님께서는 우리에게 과연 죄와 우리의 육신과 세상과 또한 마귀를 이기는 승리를 허락하여 주셨을까요? 물론입니다. 하나님께서는 우리에게 그 모든 것을 이기는 승리를 분명히 허락해 주셨습니다. 그것은 바로 **예수 그리스도의 십자가 안에서** 입니다.

십자가는 우리를 구원하시는 하나님의 능력일 뿐만 아니라, 우리가 죄와 육신과 세상에서 승리하도록 하는 하나님의 능력도 됩니다. 우리가 이 승리를 얻기 위해서는 십자가의 깊은 진리를 먼저 올바로 깨달아야 합니다.

지구상의 모든 인류는 아담과 그리스도 두 사람에 의하여 운명지워졌습니다. 우리는 육신으로는 모두 **아담 안에** 있습니다.

그러나 우리가 하나님의 성령으로 거듭나게 되면 우리는 **그리스도 안에** 있게 됩니다.

"아담 안에" 있다는 뜻은 아담과 운명을 같이 하고 아담이 행한 모든 일에 같이 책임을 진다는 뜻입니다.

마찬가지로, "그리스도 안에" 있다는 뜻도 그리스도와 운명을 함께 한다는 뜻입니다.

아담은 첫째 인간이며 모든 인류의 조상이었습니다. 그러나 그가 하나님께 불순종했을 때, 아담에게서 나온(아담 안에 있던) 모든 인류는 하나님을 떠나 죄가 난무하는 사탄의 나라에서 마귀의 지배를 받게 되는 운명에 놓이게 되었습니다. 또한 아담이 가졌던 죄성마저도 이후 인간에게 계속 유전되어 내려오게 되었습니다.

예수 그리스도는 하나님의 둘째 사람입니다(고전 15 : 47). 예수께서 이 세상에 오신 것은 이런 불쌍한 운명에 처하게 된 사

우리 선생님은 참 재미있어요

람들을 구원하러 오신 것입니다.

이 일을 위해서 그리스도께서 우리와 같은 사람이 되셨습니다. 그 분은 죄인처럼 우리 죄를 지시고 십자가에 달려 죽으셨습니다. 그리고 장사되셨다가 사흘 만에 부활하셔서 아담이 아닌 새로운 가계(가족 계보)의 첫열매가 되셨습니다. 바로 예수님의 가계입니다.

두 가지 놀라운 사실
Two Great Facts

그리스도께서 우리를 위해 죽으셨습니다.
CHRIST DIED for us

우리도 그리스도와 함께 장사되었습니다.
We Died With Him

로마서 6장은 성경 전체에서 가장 놀라운 복음의 소식을 담고 있습니다. 예수님께서 우리를 위해서 죽으셨을 뿐만 아니라 우리와 함께 죽으셨다는 것입니다.

성경은 말합니다.

"우리가 알거니와 우리 옛 사람이 예수와 함께 십자가에 못 박힌 것은 죄의 몸이 멸하여 다시는 우리가 죄에게 종노릇하지

그가 죽으셨을 때
우리도 그와 함께 죽었으며,
그가 무덤에 내려가셨을 때에는
우리도 그와 함께 무덤 속에 들어갔고,
그가 다시 살아나셨을 때
우리도 그와 함께 다시 살아났다.

아니하려 함이니"(롬 6 : 6).

이와 같이 우리 옛 사람은 예수님과 함께 십자가에 못박혔습니다. 하나님께서 우리를 그리스도와 함께 십자가에 못박히게 하신 것입니다. 그러므로 그리스도께서 죽으셨을 때에 우리도 그와 함께 죽었습니다. 그리스도께서 장사되셨을 때 우리가 함께 장사되었고, 그가 부활하셨을 때 우리도 함께 부활되었습니다.

하나님의 모든 구원 사역은 이렇게 그리스도와 함께 완성되었습니다. 우리가 그 혜택을 누리는 것은 바로 그리스도 안에 있기 때문입니다.

우리가 사탄의 어두움의 나라에서 구원받은 것은 그리스도와 함께 죽었고 부활했기 때문입니다. 이것은 너무나 놀라운 사실이고 모든 믿는 자들에게 참된 진리의 말씀입니다.

십자가를 통하여 하나님께서는 또한 모든 대적들을 이길 수 있는 승리를 우리에게 허락해 주셨습니다.

그래서 우리가 십자가의 비밀이라고 말하는 것은 예수 안에서

우리가 그리스도와 함께 죽었고, 함께 부활했으며, 또한 하나님 보좌 우편에서 높이 존귀케 되심에 함께 참여하게 된 것을 말합니다(로마서 6:6 참조).

이 모든 것이 가능한 것은 우리가 예수 안에서 예수님과 함께 있기 때문입니다.

십자가는 우리를 죄의 지배에서 해방시켰습니다.

믿는 자들은 "죄를 정복했다"고 말하지 않습니다. 더 정확히 표현하면 우리는 그리스도 안에서 죄에 대해서 죽은 사람들입니다.

그러므로 우리는 죄가 지배하는 어두움의 나라에 더 이상 속해 있지 않습니다. 우리는 하나님의 아들의 나라에 속해 있습니다. 이 나라의 왕은 그리스도이십니다. 죄가 아닙니다.

이 놀라운 사실을 받아들이기 위해서는 우리에게 믿음이 필요합니다. 성경은 말합니다.

"이와 같이 너희도 너희 자신을 죄에 대하여는 죽은 자요 그리스도 예수 안에서 하나님을 대하여는 산 자로 여길지어다"(롬 6:11).

여기서 "여긴다"라는 말은 "그 사실을 정확히 따져본다, 계산

해 본다"라는 뜻입니다. 하나님께서는 우리에게, 우리가 그리스도 안에서 죄의 권세에 대해 죽었다는 사실을 분명히 따져 보라고 말씀하십니다.

이 로마서 6장 11절 말씀의 문장 형식은 엄중한 명령법으로 되어 있습니다. 그러므로 우리는 그 명령에 꼭 순종해야 합니다.

제임스 맥코니(James McConkey)는 말했습니다.

"명령에는 순종이 요구됩니다. 그 명령을 이해해 보고자 너무 오랜 시간을 허비해서는 안됩니다. 명령은 순종할 때 그 깊은 의미를 명확히 깨달을 수 있습니다."

자, 이제 우리 자신을 죄에 대해서는 죽은 자요 그리스도 예수 안에서 하나님을 대하여는 산 자로 여겨 보십시오. 단순히 느끼지만 마시고, 그것을 곰곰이 생각하시면서 입으로 힘차게 담대히 선언하십시오. 이렇게 할 때 하나님께서는 우리에게 더욱 큰 감동을 허락해 주실 것입니다.

십자가는 사탄이 훼방하는 세계에서 우리를 구원해 주었습니다.

십자가를 통해서 우리는 세상 것에 얽매였던 우리의 옛 삶으로부터 구원을 받습니다. 예수 그리스도와 함께 죽음으로써 우

리는 "세상"으로부터 구원을 받은 것입니다.

바울은 증거했습니다.

"그러나 내게는 우리 주 예수 그리스도의 십자가 외에 결코 자랑할 것이 없으니 그리스도로 말미암아 세상이 나를 대하여 십자가에 못박히고 내가 또한 세상을 대하여 그러하니라"(갈 6 : 14).

십자가는 우리를 육체의 정욕으로부터 구원해 줍니다. 성경은 말하기를 "그리스도 예수의 사람들은 육체와 함께 그 정과 욕심을 십자가에 못박았느니라"(갈 5 : 24)라고 하였습니다.

그리스도와 함께 연합하여 살고 있는 사람들은 자유함이 있습니다. 육체의 소욕이 더 이상 이런 사람들은 지배하지 못합니다. 물론 그리스도인에게도 육체적인 정욕의 유혹이 다가올 때가 있습니다.

이때 죄의 지배를 받고 있는 사람들은 그것에 급속히 미혹되고 맙니다. 그러나 예수 그리스도와 함께 그 정과 욕심을 십자가에 못박았다고 담대히 입으로 시인하고 마음으로 믿는 사람은 그 유혹을 이길 수 있는 힘이 속으로부터 솟아남을 느낄 수 있습니다.

십자가는 우리를 자아의 굴레에서 해방시켰습니다.

자아는 우리의 범죄와 실패의 뿌리이자 또한 원천입니다. 우리가 주님을 사랑하는 것보다 우리들 자신을 더욱 사랑하는 동안에는, 결코 승리하는 그리스도인의 삶을 살 수가 없습니다.

그래서 휴겔(F. J. Huegel)은 "그리스도의 은혜를 진정으로 깨달아 자신의 속사람을 십자가에 못박고, 자신의 모든 자아의 욕심을 버리고 하나님과 완전한 사랑의 일치 관계에 들어가기 전까지는, 천국이 일천 개 있다 해도 그 사람은 진정한 천국의 평안을 얻을 수 없다"라고 말했습니다.

십자가의 진정한 영광과 진수는 우리 자신이 거기서 죽는 데 있습니다. 우리는 바로 이때, 십자가를 통해서만 자아의 굴레에서 해방될 수 있습니다.

성경은 증거합니다.

"저가 모든 사람을 대신하여 죽으심은 산 자들로 하여금 다시는

저희 자신을 위하여 살지 않고 오직 저희를 대신하여 죽었다가 다시 사신 자를 위하여 살게 하려 함이니라"(고후 5 : 15).

십자가는 사탄을 이기는 승리를 가져다 줍니다.

갈보리 언덕에서 예수님은 사탄과 모든 어두움의 권세를 궤멸시키셨습니다. 성경은 증거합니다.
"정사와 권세를 벗어 버려 밝히 드러내시고 십자가로 승리하셨느니라"(골 2 : 15).
예수님께서 사탄의 권세를 결박하시고 무장 해제시키신 것은 바로 십자가 위에서의 죽으심을 통해서였습니다. 예수님께서 육신의 몸을 입고 이 땅에 오신 것은 "사망으로 말미암아 사망의 세력을 잡은 자 곧 마귀를 없이 하시며 또 죽기를 무서워하므로 일생에 매여 종노릇하는 모든 자들을 놓아주시기"(히 2 : 14-15) 위함이었습니다.

> 우리가 가진 권세를 믿는 사람들만이 이러한 놀라운 영적인 권세를 실제로 체험할 수 있습니다.

교사도 승리해야 합니다

> 십자가의
> 진정한 영광과 진수는
> 우리 자신이
> 거기서 죽는 데 있다.

  십자가는 얼마나 놀라운 역사를 이루었는지요 !
  이는 하나님께서 그의 사랑하는 성도들을 위하여, 성도들을 통하여, 성도들 가운데서 이루신 모든 역사의 가장 근본이 되는 사건입니다. 제시 펜 루이스(Jessie Penn-Lewis)는 다음과 같은 우리 모두에게 은혜가 되는 글을 썼습니다.

  "십자가의 모든 능력과 공로를 깨달은 사람은 예수 그리스도께서 이루신 공로의 굳건한 기초 위에 든든히 서 있는 사람이다. 그러므로 지옥의 권세는 이런 사람들을 절대로 흔들어 시험하거나 두려워 떨게 하지 못한다. 우리는 지금 주님께서 골고다 언덕에서 이루신 반석과 같은 든든한 기초 - 주님의 완전한 대속의 능력뿐만 아니라 세상과 육신과 마귀로부터 해방되고 승리를 주시는 그 능력의 기초 - 위에 든든히 서 있다. 이것들은 우리의 불완전한 천국인 이 땅에서는 완전히 체험되지 않을 수도 있다. 그러나 우리는 십자가가 이루신 완전한 능력을 믿어야 한다. 왜냐하면, 우리의 확신은 그리스도께서 이루신 공로를 믿음으로 얻는 것이지 결코 우리 자신들의 불확실한 체험에서 생기는 것이 아니기 때문이다."

  우리는 하나님께서 우리를 위해 이루신 것들을 무시할 만큼

우리 선생님은 참 재미있어요

전능한 존재들이 아닙니다. 우리는 십자가의 능력에 대한 부분적인 이해가 아니라 완전한 이해를 가져야 합니다. 우리는 그리스도께서 우리를 위해 이루신 공로들과, 우리가 그것을 통해 가지게 된 축복들을 완전히 이해하고 누려야 합니다.

> 십자가는 우리들을 모든 속박에서
> 해방시켜서 자유함을 얻게 했고,
> 그리스도께서 우리에게 베푸신 모든 공로는
> 우리 삶에 부족한 것이 하나도 없게 합니다.
> — 제임스 리처드슨(James C. Richardson) —

이 놀라운 영적 진리는 그저 신앙 서적이나 성경을 습관적으로 읽음으로써 깨달을 수 있는 것이 아닙니다. 그러므로 우리는 성령님이 이러한 영적인 지식을 깨닫게 해주시도록 간절히 기도하고 사모해야 합니다. 또한 십자가와 관련된 좋은 신앙 서적들과 성경 말씀을 읽고 또 읽으면서 조용히 하나님과 시간을 보내며 묵상하는 시간을 가질 때 이런 놀라운 영적인 진리들을 깨달을 수 있습니다.

당신이 진실로 어린이들을 전도하는 사명을 심각하게 생각하고 감당하기 원한다면, 그리스도께서 우리에게 베풀어 주신, 값으로 따질 수 없는 십자가의 놀라운 공로와 비밀을 먼저 깨닫는 순간이 꼭 필요합니다.

　지금 이 세상에는 많은 어린이들이 곤경에 처해 있다는 절박한 상황을 깨닫는다면, 우리는 그저 미지근하고 패배주의적인 교사의 삶을 살아서는 절대 안됩니다. 우리에게는 어린 영혼들을 살리는 일이라면, 십자가를 지신 주님을 본받아 우리가 가진 모든 것－시간, 관심, 물질, 정력－을 기꺼이 바치고 희생하고자 하는 결단이 필요합니다.

　우리의 가진 모든 것이 소진되고 피곤과 절망 가운데 죽게 되었을 때, 그 순간 부활의 놀라운 능력과 영혼들이 구원받는 놀라운 역사가 일어날 것입니다.

16
영적 전쟁

"내가 너희에게……
원수의 모든 능력을 제어할
권세를 주었으니"
(눅 10 : 19)

어린이를 그리스도께 전도하려면 영적 전쟁을 치러야 합니다. 사탄은 모든 불신자들을 장악하고 있습니다. 어른이나 어린이나 불신자들은 모두 사탄의 권세 아래 있으며, 그의 포로들을 구출하려면 사탄과의 전쟁이 없이는 불가능합니다.

사도 요한은 말하기를 우리는 하나님께 속하고 온 세상은 악한 자 안에 처하였다고 했습니다(요일 5 : 19). 하나님께 속하지 않은 모든 세상 사람들이 마귀에게 속하였다는 사실은 우리에게 충격적이며 용납하기 힘든 것이지만, 그것은 사실입니다.

서인도 선교회를 창설한 톰슨(E. V. Thompson)은 "오늘날 이 세상에는 두 개의 질서가 존재하고 있다. 두 나라가 서로 치열한 접전을 벌이고 있는 것이다. 우리가 영혼을 구원하는 전도 사역을 위해 힘써 일할 때, 그것은 하나님 나라의 최전방에 서서 사탄의 나라와 영적 전쟁을 치르는 것이 된다."라고 경종을 울렸습니다.

그러면 어떻게 사탄이 이 세상의 통치권을 얻게 되었을까요? 여기서 잠시 하나님과 사탄 사이의 갈등에 관하여 생각해 보겠습니다.

첫째, 하나님께서 세상을 창조하셨습니다. 그러므로 온 세상은 하나님의 것입니다(시 24 : 1).

둘째, 하나님께서는 이 세상의 통치권을 아담에게 주셨습니다(창 1 : 26).

셋째, 아담은 하나님께 불순종했습니다. 도리어 그는 선악과를 따먹으라는 사탄에게 순종했습니다. 이렇게 죄를 범함으로써 그는 범죄한 자들을 다스리는 권세가 있는 사탄의 지배하에 놓이게 되었습니다.

그 결과 아담은 이 세상의 통치자로서의 권리를 빼앗기게 되었고 사탄이 대신 그 권리를 취하게 되었습니다(롬 5 : 12-21).

그래서 사탄이 이 세상 왕국을 다스린다는 사실은 성경에서 명백히 찾아 볼 수 있습니다.

영적 전쟁

물론 이 세상은 하나님께서 창조하셔서 그 원래 소유주는 하나님이시지만, 죄와 불순종의 아들들을 통해서 사탄은 이 세상의 통치권을 획득하고 지금도 불순종의 아들들(죄를 짓는 사람들) 가운데서 강력한 통치권을 행사하고 있는 것입니다.

넷째, 하나님께서는 이 세상의 통치권을 다시 되찾기를 원하셨습니다. 그래서 아들이신 예수 그리스도를 이 세상에 (두번째) 사람으로 보내셨습니다(고전 15 : 47).

다섯째, 그러자 예수 그리스도와 사탄 사이에 극렬한 영적 전쟁이 벌어졌습니다. 사탄은 예수님의 사역 초기부터 아담처럼 시험에 빠뜨리려 하였습니다. 그러나 예수님은 사탄의 유혹에 넘어가지 않고 도리어 그를 하나님의 말씀으로 이기셨습니다(눅 4 : 1-14).

여섯째, 이제 점점 절망에 빠진 사탄은 마침내 군중들을 선동하여 예수님을 십자가에 못박게 했습니다. 그리하여 예수님을 무덤에 장사지내게 되자 사탄은 마치 자신이 승리한 것으로 잠시 착각했습니다.

그러나 3일 만에 예수님께서는 사탄의 모든 어둠과 사망의

우리 선생님은 참 재미있어요

> 오늘날 이 세상에는 두 나라가 서로 치열한 접전을 벌이고 있다. 우리가 영혼을 구원하는 전도사역을 위해 힘써 일할 때, 그것은 하나님 나라의 최전방에 서서 사탄의 나라와 영적 전쟁을 치르는 것이 된다.

권세를 이기시고 부활하셨습니다. 하나님께서는 죄 없으신 그리스도를 죽인 사탄을 공의로 심판하셨고, 죽기까지 끝까지 하나님의 말씀만 순종한 두번째 사람인 그리스도께 승리를 안겨 주셨던 것입니다.

성경은 그리스도께서 이 땅에 오신 이유를 "사망으로 말미암아 사망의 세력을 잡은 자 곧 마귀를 없이 하시며"(히 2 : 14)라고 증거하고 있습니다.

일곱째, 그리하여 예수 그리스도는 이제 아담이 빼앗겼던 이 세상의 권세를 되찾으시고 하늘과 땅의 모든 권세를 다시 가지게 되셨습니다(마 28 : 18). 예수님께서는 정사와 권세(마귀의 다른 이름들)를 무너뜨려 버리시고, 그들의 정체를 밝히 드러내시고 십자가로 승리하셨습니다(골 2 : 15).

물론 사탄이 완전히 죽은 것은 아닙니다. 그는 아직 불못에 던져지지는 않았습니다. 그러나 그는 머리가 짓눌린 뱀과 같습니다. 그는 이미 패했습니다만, 아직은 완전히 죽지 않고 살아서 꼬리를 비틀거리며 자기 때가 얼마 남지 않았음을 알고 더욱 극악한 발악을 하고 있습니다. 그리하여 우리가 지금 전도하는 것은 최후의 발악을 하고 있는 사탄의 권세를 물리치고 그에게 속

영적 전쟁

한 자들을 하나님의 나라로 빼앗아 오는 것을 말합니다.

예수님은 "사람이 먼저 강한 자를 결박하지 않고야 어떻게 그 강한 자의 집에 들어가 그 세간을 늑탈하겠느냐 결박한 후에야 그 집을 늑탈하리라"(마 12 : 29)라고 말씀하셨습니다.

여기서 말하는 "강한 자"는 두말 할 것도 없이 사탄입니다. 그리고 "세간"은 불신자들의 영혼입니다.

예수님께서는 우리에게 영적 전쟁의 중요한 원리를 지금 여기서 가르쳐 주고 계십니다. 전도를 하기 위해서는 우리는 먼저 "강한 자를 결박"해야 합니다.

이 결박은 기도와 명령을 통해서 이루어집니다. 주님께서는 이미 이기셨고, 우리에게 사탄을 제어할 권세를 주셨으므로(눅 10 : 19), 우리는 기도로 사탄의 권세를 결박하며 입술로 그것을 명령해야 합니다.

"주 예수 그리스도의 이름으로 내가 너희에게 명하노니 아무개 영혼을 사로잡고 있는 악하고 더러운 사탄의 권세, 흑암의 권세는 지금 즉시 묶음을 놓고 떠나갈지어다! 물러갈지어다!

한 길로 왔다가 일곱 길로 도망갈지어다!"

예수님뿐만 아니라 우리도 역시 사탄을 이길 수 있습니다. 그 비결은 바로 "예수 그리스도 안에서"입니다. 예수 그리스도께서는 십자가에서 이미 사탄의 머리를 밟아 치명적인 상처를 입히시고 승리하셨습니다.

첫째 아담 안에 있던 모든 사람들은 아담의 실수로 모두가 사탄에게 종노릇하였지만, 둘째 아담이신 예수 그리스도의 승리로 이제 그 안에 있는 모든 사람들은 사탄에 대하여 이미 승리한 것입니다. 그래서 우리는 이 권세를 믿고 입으로 시인해야 합니다.

"네가 너희에게 뱀과 전갈(사탄의 별명)을 밟으며 원수의 모든 능력을 제어할 권세를 주었으니 너희를 해할 자가 결단코 없으리라"(눅 10 : 19).

그러므로 다시 한번 사탄을 결박해 보십시오.
"사탄의 권세야, 너는 골고다에서 예수님의 십자가와 부활을 통해 이미 패하였다. 그러므로 내가 너에게 예수의 이름으로 명하노니 지금 즉시 결박을 풀고 여기서 물러갈지어다."

사탄과의 전쟁은 영적 전쟁입니다. 영적 전쟁은 영적인 무기로

싸워야 합니다. 이 강력한 영적인 무기는 바로 우리가 은밀하게 기도하는 가운데 얻어집니다. 꾸준히 기도하여 자신의 영력을 키우십시오.

사탄은 우리를 두려워하지 않습니다. 그가 두려워하는 것은 우리가 하나님과의 깊은 관계를 유지하면서 드리는 우리의 기도입니다. 왜냐구요? 그것은 우리가 기도할 때에 우리 구주 예수님이 우리를 대신해서 영적인 전쟁을 싸워 주시기 때문입니다 (역대하 20장 참조).

그러므로 어린이를 전도하거나 설교하기 전에 우리는 먼저 은밀히 하나님과 만나 기도하면서 갈보리에서 승리하셨던 예수 그리스도의 승리를 강력히 선포해야 합니다. 성경은 "주려 혼미한 네 어린 자녀의 생명을 위하여 주를 향하여 손을 들지어다" (애 2 : 19)라고 말씀하십니다.

우리가 은밀한 기도 시간을 통해 예수 안에서 사탄의 권세를 결박하고 이기고 나면, 우리는 하나님께서 우리와 함께 하신다는 확신을 가지고 자신있게 나아가게 됩니다.

  우리가 연약할 때에나
  괴로움에 휩싸였을 때에도
  흉악한 대적과 마주칠 때에도

우리 선생님은 참 재미있어요

> 우리가 기도할 때에
> 우리 구주 예수님이 우리를 대신해서
> 영적의 전쟁을 싸워 주신다.

우리는 승리의 노래를 부르리.
우리 주님이 나를 위해 싸우시네.
우리 주님이 나를 위해 싸우시네.

이제 성령의 능력으로 복음을 선포하며 사로잡힌 자를 풀어 자유케 하십시오. 이 일은 기도의 준비와, 많은 수고와, 또한 영혼을 구하겠다는 강력한 열정과, 영혼들을 민망히(불쌍히) 여기시는 예수 그리스도의 마음을 필요로 합니다.

"나 여호와가 이같이 말하노라
용사의 포로도 빼앗을 것이요
강포자의 빼앗은 것도 건져낼 것이니
이는 내가 너를 대적하는 자를 대적하고
네 자녀를 구원할 것임이라."

(사 49 : 25)

17

능력 있는 교사

"오직 성령이 너희에게 임하시면
너희가 권능을 받고……
땅끝까지 이르러 내 증인이
되리라"
(행 1 : 8)

어린이들에게 복음을 전하고 나서 전혀 열매가 없을 때가 있습니다. 십자가의 메시지는 참으로 "하나님의 능력"을 나타내지만, 그 결과는 오직 성령의 능력이 동행할 때에만 확실한 열매를 맺습니다. 즉, 복음의 메시지는 성령의 능력과 함께 전해질 때에만 그 효과가 나타나게 되는 것입니다. 그러므로 모든 그리스도인은 하나님의 사역을 효과적으로 감당하기 위해서는 성령의 능력을 부여받아야 한다는 사실을 꼭 기억해야 합니다. 예수 그리스도께서는 친히 우리에게 이런 신앙의 과정을 모범으로 먼저 보여주셨습니다.

첫째, 그분은 베들레헴에서 태어나심으로써 이 땅의 사람들 가운데 오셨습니다. 그러므로 우리는 먼저 그리스도를 우리 마음

속에 모셔야 합니다.

둘째, 주님이 보여주신 삶은 갈보리의 십자가를 지시는 삶이셨습니다. 우리 예수님을 마음에 모신 사람들은 이제 그의 십자가의 죽으심과 연합하여 함께 죽는 십자가의 단계로 나아가야 합니다.

세번째 주님이 보여주신 단계는, 오순절날 성령의 능력으로 성도들에게 다시 나타나신 것입니다. 그러므로 십자가를 체험한 성도들이 나아갈 신앙적 단계는 오순절 성령 체험입니다. 하나님께서 우리에게 오순절 성령을 체험시키신 것은 복음을 온 세계에 효과적으로 능력 있게 증거하도록 하기 위해서입니다.

그러나 우리가 여기서 한 가지 꼭 기억해야 할 사실은, "오순절"의 체험이 있기 전에 반드시 "갈보리 십자가"의 죽는 체험이 선행한다는 사실입니다. 우리에게 성령의 능력이 나타나려면 갈보리 십자가에서 그리스도와 함께 죽는 역사가 반드시 선행되어야 합니다.

제시 펜 루이스(Jessie Penn-Lewis)는 말했습니다.

"성도들이 십자가와 부활을 거쳐 가는 고난의 체험 없이 영광의 오순절만 추구하다가 종종 광명한 천사로 가장한 마귀의

능력 있는 교사

유혹에 빠져 가짜 오순절 성령을 받게 되는 불상사가 일어난다. 우리들은 십자가를 단순한 속죄의 표징으로만 바라보면 안 되며, 우리는 거기서 오순절의 능력을 체험하도록 하나님께 간구해야 한다. 우리가 성령의 능력을 올바로 부여받으려면 반드시 우리의 옛 아담이 십자가에서 못박히는 일이 먼저 있어야 함을 잊어서는 안 된다."

하나님께서 일차적으로 관심을 가지시는 것은, 우리가 얼마나 많은 일을 하는 것보다 우리가 하나님의 성령을 어떻게 사용하는가 하는 것입니다. 즉, 성령의 능력을 사용하는 내면적 동기가 단지 자신의 이름과 영광을 드러내기 위해서라면, 그것은 성령님을 크게 실망시켜서 단지 그분을 가만히 곁에 서서 구경하시는 분으로 만들게 될 것입니다. 그래서 결국 우리의 사역이 성령님의 도움 없이 자신의 능력과 재능으로 점철되게 되고, 아무런 영적인 생명력도 나눠주지 못하게 되고 마는 것입니다.

사도 바울은 우리에게 하나님의 종의 모습이 어떤 것인지를 실제로 보여주었습니다. 바울은 그의 서신서에서 그가 전파한 것과 그가 어떻게 전파했다는 것과 성령의 능력이 어떻게 자기와 함께 나타났었다는 것을 우리에게 설명해 주고 있습니다.

우리 선생님은 참 재미있어요

> 성도들이 십자가와 부활을 거쳐 가는 고난의 체험 없이
> 영광의 오순절만 추구하다가
> 종종 광명한 천사로 가장한
> 마귀의 유혹에 빠져
> 가짜 오순절 성령을 받게 되는
> 불상사가 일어난다.

바울이 전파한 것 — 복음

바울은 늘 십자가를 찬양하고 영광돌렸습니다. 그는 십자가의 메시지는 바로 하나님의 능력이라고 선포하였습니다.

여기서 사용된 "능력"이라는 말의 헬라어는 "두나미스"이며, "다이나마이트"라는 말이 여기서 유래하였습니다. 그 뜻은 "살아 역사하는 능력"을 말합니다. 바울이 여기서 말한 십자가의 메시지는 살아서 역동적으로 역사하는 능력입니다. 그것에는 하나님의 전능하신 능력이 들어 있습니다.

십자가의 메시지는 지식적이며 세련된 세계의 사람들에게는 그다지 호감을 주는 주제가 되지 못합니다. 그렇지만 그것은 성령님이 가장 좋아하시는 주제입니다. 또한 그것은 구원받지 못한 영혼들에게 영생을 가져다 주는 메시지입니다.

사도 바울이 고린도에 이르렀을 때에, 그는 이 도시가 매우 번화했지만 죄악 가운데 깊이 빠져 있음을 깨달았습니다. 고린도 사람들은 당대의 높은 철학과 학식으로 마음이 부요했었고, 그들은 이런 인간의 지혜를 높이 찬양하고 있었습니다.

이곳에서 바울이 복음을 전하여 사람들을 전도하고자 했던 방식은 자기가 가진 지식을 사용하는 방법이 아니었습니다. 그는 어려서부터 당대의 가장 유명한 율법학자인 가말리엘 문하에서

수학한 엘리트로서, 자기 지식으로 고린도인들과 변론할 수도 있었습니다. 뿐만 아니라 그는 로마 시민권을 가진 상류층으로서, 고린도인들을 상대로 그들을 전도하는 데 자기의 떳떳한 지위를 이용할 수도 있었습니다.

그러나 바울이 깨달은 것은, 십자가의 메시지는 공부를 많이 하여 지적으로 세련된 헬라인들에게 어리석은 것으로 간주될 수도 있다는 것이었습니다. 그래서 심사 숙고한 뒤에, 그는 자신이 가진 "육신의 병기"(장점)들을 모두 십자가에 못박아 버리고, "부활하신 그리스도"라는 간단 명료한 복음의 메시지만 전하기로 결심하였습니다.

그래서 "내가 너희 중에서 예수 그리스도와 그의 십자가에 못박히신 것 외에는 아무것도 알지 아니하기로 작정하였음이라"(고전 2 : 2)라고 고백했던 것입니다.

바울이 전파한 방식 — 쉽게

바울은 복음을 전할 때 "말의 지혜로 하지 아니함은 그리스도의 십자가가 헛되지 않게 하려 함이라."(고전 1 : 17)라고 하였습니다. 이 얼마나 엄숙하고도 단호한 결심입니까? 십자가의 메시지는 때에 따라서는 전파자의 수준에 따라 아무 열매도 없는

> 십자가의 메시지는
> 공부를 많이 하여
> 지적으로 세련된 사람들에게는
> 어리석은 것으로
> 간주될 수도 있다.

무용지물이 될 때도 있습니다.

요한 웨슬레(John Wesley)는 항상 어렵고 복잡한 설교 말씀을 전하는 설교자에게 이렇게 편지를 썼습니다.

"저는 당신이 이제부터 말에 공교한 지혜를 써서 설교하는 방식을 중단하기를 바랍니다. 당신은 우리들처럼 멍청하리만큼 평범한 설교를 하게 되시기를 권고합니다."

물론 우리는 무식하고 멍청한 사람이 아니라 똑똑한 사람이 되어야 합니다. 그러나 십자가의 메시지를 전할 때에는 화려한 수사학적이고 학문적인 설교는 절대로 피하셔야 합니다. 그것이 성경적인 복음 전도 방법입니다.

바울이 사용한 능력 — 성령

바울은 듣는 자들의 마음에 보다 효과적으로 복음의 말씀이 와 닿게 하기 위해서 성령님의 능력을 간절히 의지했습니다. 그는 말하기를 "내가 너희 가운데 거할 때에 약하며 두려워하며 심히 떨었노라 내 말과 내 전도함이 지혜의 권하는 말로 하지 아니하고 다만 성령의 나타남과 능력으로 하여 너희 믿음이 사

능력 있는 교사

람의 지혜에 있지 아니하고 다만 하나님의 능력에 있게 하려 하였노라"(고전 2 : 3-5)라고 하였습니다.

주님을 섬기는 사람들은 두 가지 종류의 능력이 존재한다는 사실을 이해해야 합니다. 한 가지는 자연적인 능력이고, 다른 하나는 영적인 능력입니다.

"자연적 능력"이란 다른 말로 "육체적 능력", 또는 "혼적인 능력"으로서, 우리 자신에게서 나오는 것이지 결코 성령님으로부터 나오는 것이 아닙니다. 우리의 재능, 지식 그리고 인간적인 매력 또는 흡인력 등이 모두 이 자연적 능력의 범주에 속합니다.

자연적으로 타고난 재능이나 능력들은 때때로 사람들에게 감동을 줄 때가 있습니다만, 그것이 결코 하나님의 생명력을 전달하는 도구가 되지는 못합니다.

워치만 니(Watchman Nee)는 다음과 같이 말했습니다.

"혼적인 힘은 영적인 영역에서는 도무지 그 영향력을 발휘하지 못합니다. 그리스도인들이 사역에 있어서 스스로의 혼적인 힘을 의지하는 것은 대단히 쉽게 빠져드는 유혹이자 또한 위험입니다.

자신의 재능이나 지식, 사람을 끄는 흡인력, 그리고 유창한 웅변, 또는 명철한 말재주를 의지하여 교회 봉사를 하고자 하는 시도는 항상 우리 주변에 도사리고 있는 해로운 유혹임을 반드시 깨달아야 합니다."

진정한 영적인 능력은 성령의 능력입니다. 오직 성령님만이 믿지 않는 사람들에게 영적인 생명력을 주실 수 있습니다. 예수님은 "살리는 것은 영이니 육은 무익하니라"(요 6 : 63)라고 하셨습니다.

> 예수님이 친히 십자가에 못박히심으로써 성령님이 감동하시고, 성령님의 감동함을 받은 사람들도 그 크신 사랑을 깨달아 스스로 자원하여 십자가를 지고 주님을 따라 나섰다. 그러나 스스로 십자가 지기를 거부하는 사람은 성령님도 ,사람도, 아무도 감동시킬 수 없다.

성령님은 항상 십자가의 기초 위에서 역사하십니다. 그 분의 능력은 언제나 그리스도의 죽으심에 깊이 뿌리내리고 있습니다. 이 원리는 구약 선지자들의 제사 규례 가운데서도 찾아볼 수 있습니다.

구약의 제사장들은 먼저 피의 번제를 드림으로써 자신들의

생명(피)을 하나님께 불태워 드린다는 헌신의 예배를 드렸습니다. 이것은 장차 그리스도와 연합하여 함께 죽으심을 나타내는 표현이었습니다.

다음으로, 그들은 그 제단에 기름을 발랐습니다. 이것은 죽으심 이후에 부어질 성령님에 대한 예표였습니다. 그들은 언제나 피의 제사를 드리고 난 이후에 제단에 기름을 발랐습니다. 이것은 아마 제단의 청결(성결)함을 유지하기 위해서가 아니었나 짐작됩니다.

그러나 여기서 우리에게 가르치는 영적인 교훈은, 우리가 성령의 능력을 체험하려면 먼저 피를 흘리는 십자가의 제사가 선행되어야 한다는 것입니다. 바울은 "내가 그리스도와 그 부활의 권능과 그 고난에 참예함을 알려 하여 그의 죽으심을 본받아" (빌 3 : 10)라고 하였습니다.

이 시대는 언론 매체를 통해 화려한 스타들과 자기의 능력을 과다하게 과시하는 사람들을 언제나 접하게 됩니다. 그래서인지 우리는 자신도 모르게, 하나님의 사역을 효과적으로 감당하려면 나도 뛰어난 재능과 활동적인 리더십을 스스럼 없이 발휘하는 유명한 스타처럼 되어야 한다고 생각하기 쉽습니다.

그러나 그것은 하나님이 원하시는 방식이 아닙니다. 하나님께서 택하시고 사용하시는 사람은 세상에서 약하고, 미련하고, 어

우리 선생님은 참 재미있어요

예수님이 친히 십자가에 못박히심으로써 성령님이 감동하시고,
성령님의 감동함을 받은 사람들도 그 크신 사랑을 깨달아
스스로 지원하여 십자가를 지고 주님을 따라 나섰다.
그러나
스스로 십자가 지기를 거부하는 사람은
성령님도 사람도 아무도 감동시킬 수 없다.

리석고, 멸시당하는 자들입니다.

제시 펜 루이스는 다음과 같이 예리하게 지적했습니다.

"우리들은 사람들을 쉽게 전도하기 위해서 꼭 유명하고, 외적으로 인정받을 만한 자랑거리가 많거나, 아니면 초자연적인 능력을 가진 사람으로 자신을 억지로 드러내 보이고자 하는 위험성에 빠지기 쉽습니다.

그러나 남에게 보이기에 대단히 화려한 사역자가 되는 것보다, 그저 겉으로는 평범하고 아무 능력도 없는 사람으로 보이지만, 남에 눈에 띄지 않게 고요함 가운데 일하면서 성령님의 도움으로 진정 놀라운 열매를 맺어 하나님께 영광 돌리는 진정한 일꾼이 있습니다.

그들 자신에게는 아무런 영광이 돌아가지 않을 뿐만 아니라 전혀 놀라운 사람이라고 인정되지도 않지만, 언제나 이런 사람들이 하나님의 역사를 오늘도 묵묵히 일궈 내고 있습니다. 우리는 소리나는 구리와 울리는 꽹과리가 되어서는 안 됩니다. 쟁쟁한 소리를 내기 시작하면 성령님은 그 사람을 떠나십니다."

하나님은 지금 놀라운 능력을 가진 사람들을 찾고 계신 것이 아닙니다. 하나님은 기꺼이 하나님께 쓰임받기를 원하는 보통

사람들을 택하시며, 또한 십자가의 희생의 대가를 자원하여 치르고자 하는 각오가 된 평범한 사람들을 택하여 사용하시기 원하십니다.

허드슨 테일러(Hudson Taylor)는 말했습니다.

"하나님의 위대한 종들은 모두 미천한 사람들이었다. 그들이 하나님의 위대한 일을 이룰 수 있었던 것은, 자신이 너무 연약하여서 하나님의 능력을 간절히 의지하지 않고는 지탱할 수 없었기 때문이었다."

전능하시고 위대하신 하나님은 연약하고 평범한 사람들인 우리에게 당신의 무한한 모든 권능을 부어주실 채비를 갖추고 계십니다. 성령님은 지금도 이런 종들을 찾고 계십니다.

주여, 제가 주님의 지혜를 간절히 의지할 수 있을 만큼
충분히 어리석게 하시고,
주님의 능력을 부여받기를 사모할 만큼
언제나 연약하게 하시며,
오직 하나님의 영광만 간절히 구할 만큼
철저히 낮아지게 하시고,
흙먼지 바닥에 뒹굴어 팽개쳐질 만큼 멸시를 당하게
하사

우리 선생님은 참 재미있어요

거기서 당신의 두 발을 꽉 붙들게 하시고,
내게 아무것도 가진 것이 없어서
하나님만이 나의 모든 것 되심을
날마다 간절히 간구하는 종이 되게 하여 주시옵소서.

18

열매맺는 교사가 되는 비결

"내가 진실로 진실로 너희에게 이르노니 한 알의 밀이 땅에 떨어져 죽지 아니하면 한알 그대로 있고 죽으면 많은 열매를 맺느니라."
(요 12 : 24)

하나님께서는 우리 그리스도인들이 다른 사람들을 전도하여 영혼의 결실을 얻을 것을 기대하고 계십니다. 예수님은 "너희가 나를 택한 것이 아니요 내가 너희를 택하여 세웠나니 이는 너희로 가서 과실을 맺게 하고 또 너희 과실이 항상 있게 하여……"(요 15 : 16)라고 말씀하셨습니다.

열매 맺는 것과 그저 사역으로 바쁘게 쫓아다니는 것은 별개의 것입니다. 그러므로 우리는 이렇게 기도해야 합니다.

"주여, 우리가 열매 없이 바쁘게 쫓아다니지 않게 하여 주시옵소서."

예수님께서는 열매 맺는 사역자가 되는 비결을 우리에게 다음과 같이 가르쳐 주셨습니다. 이것은 불변의 법칙입니다.

"한 알의 밀이 떨어져 죽지 아니하면 한 알 그대로 있고 죽으면 많은 열매를 맺느니라"(요 12 : 24).

이 불변의 법칙은 바로 "희생"을 의미합니다. 당신이 결실로 가득찬 풍요로운 들판을 바라보고 있다면, 그것은 지금 거대한 무덤을 바라보는 것입니다. 왜냐하면 그 풍성한 결실을 맺은 모든 곡식의 줄기 아래에는 한 알의 밀알들이 죽어서 썩어 있기 때문입니다.

한 알의 밀이 땅에 떨어져 죽으면 한 알이 아니라, 수십 개 또는 수백 개의 열매를 맺습니다. 한 알 한 알의 밀이 땅에 떨어져 죽을 때에는 비록 한 알이었지만, 결실을 맺을 적에는 어느 정도 결실을 맺을까요?

2년 동안 한 알의 밀알이 죽고 결실하는 일을 계속 한다면 한 알이 32,500개가 됩니다. 그리고 이 32,500개의 낱알은 2년 전에 땅에 떨어져 죽었던 그 한 개의 낱알과 똑같은 생명력을 가진 낱알입니다.

예수님이야말로 하나님께서 보내신 소중하고도 완전한 한 알의 밀알이셨습니다. 하나님께서 말씀하시기를 "이는 내 사랑하는 아들이요 내 기뻐하는 자라"(마 3 : 17)고 하셨습니다. 하나님은 한 알의 밀알 같은 예수님을 통하여 예수님과 똑같은 생명력을 가진 많은 다른 자녀들을 가지게 되기를 소원하셨습니다.

그래서 예수님께서는 친히 밀알처럼 땅에 떨어져 죽으심으로

열매맺는 교사가 되는 비결

써 당신을 닮은 작은 예수들을 열매맺으셨습니다. 열매를 맺는데 있어서 이 길 이외의 다른 길은 절대 없습니다.

중국 내지 선교회(CIM)를 창설했던 허드슨 테일러는 다음과 같이 말했습니다.

"우리는 예수 그리스도께서 많은 열매를 거두신 것을 잘 알고 있습니다. 이는 예수님께서 단지 십자가를 둘러메시기만 한 것이 아니라, 그 위에서 죽으셨기 때문입니다. 당신은 이렇게 죽으신 예수님과 깊은 교제 관계를 갖고 동행할 수 있겠습니까?

어떤 사람들은 예수님을 그저 편리한 대로 믿으며 편하게만 생각합니다. 그러나 비록 소수이지만, 어떤 성도들은 고난당하고 희생하다가 죽으신 예수님을 깊이 묵상하고 따릅니다.

예수님은 우리에게 이렇게 다른 두 분이 되실 수 없습니다. 그 분은 한 분이신 그리스도이십니다. 당신은 기꺼이 희생하시고 죽으신 예수님과 동행하시렵니까? 그리하여 많은 열매를 맺는 삶을 사시겠습니까?"

잃는 것 없이 얻는 것은 없습니다.
십자가 없이는 구원도 없습니다.
한 알의 밀알이 많은 열매을 맺으려면

우리 선생님은 참 재미있어요

> 당신이 결실로 가득찬 풍요로운 들판을
> 바라보고 있으면, 그것은 지금 거대한
> 무덤을 바라보고 있는 것이다
> 왜냐하면 그 풍성한 결실을 맺은
> 모든 곡식의 줄기 아래에는
> 한 알의 밀알들이 죽어서 썩어 있기 때문이다

반드시 땅에 떨어져 죽어야 합니다.
여러분이 어디를 가든지
무르익은 들판과 황금빛 곡식 단들이
머리 숙여 흔들리는 것을 보시거든
그것은 분명히 먼저 땅에 떨어져 썩어진
한 알의 밀알들이 있다는 것을 절대로 잊지 마십시오.
그곳에서 어떤 사람들은 십자가에 못박혔고,
어떤 사람들은 울며 기도했고,
어떤 이들은 치러야 할 희생으로 인해 괴로워했던
자리입니다.
그들은 지옥의 군대와 맞서 싸우면서도
절대로 좌절하지 않았습니다.
그 희생의 무덤 위에 핀 무르익은 들판을
지금 내가 바라보고 있는 것입니다.

저는 최근에 남미의 어느 섬에서 사역했던 선교사의 간증을 감명 깊게 들었습니다. 그 지역은 복음을 전하기에 가장 어려운 지역으로 알려져 있었습니다. 원주민들은 거짓된 종교를 신봉하고 있었고, 그들은 그리스도의 복음을 들으려고조차 하지 않았습니다.

열매맺는 교사가 되는 비결

어느 날 원주민 한 사람이 그를 찾아와 위로하는 투로 말했습니다.
"당신, 고국으로 돌아가십시오. 당신은 여기서 그저 세월만 허비할 뿐입니다."
심지어 어떤 사람들은 선교사의 얼굴에 침을 뱉는 등의 무례한 행동을 하는 데 주저하지 않았습니다.
이런 식의 대접에 낙담하지 않을 사람이 어디 있겠습니까? 그래서 그 선교사는 일천 번도 더 그만두어야겠다고 생각하고 주님께 기도드렸습니다. 그러나 성령님께서는 분명히 그에게 말씀하셨습니다.
"나와 함께 여기에 머물러 있으라."
결국 그는 그곳에 머물러 있을 수밖에 없었습니다. 우리가 언뜻 생각하기에는 선진국에서 교육받은 유능한 사람이 그런 미개한 지역에서 무시를 당하며 계속 지내는 것이 도무지 이해가 되지 않고 불합리하게 보입니다. 그리스도께서 오직 그들의 영혼들을 위해서 죽으셨다는 성령의 음성을 듣지 않았더라면 벌써 짐을 꾸려 떠났어야 할 그런 장소였습니다.
그러나 그때로부터 23년이 지난 이후, 지금 그 곳에는 일곱 개의 교회가 세워졌고 아홉 분의 목사님과 7백 명이 넘는 성도들로 열매를 맺게 되었습니다. 이것이 바로 주님의 한 알의 썩어지는 밀알의 법칙이 작용되었기 때문입니다.

열매를 맺는 데 있어서 예수님이 직접 가르쳐 주시고 몸소 보여주신 썩어지는 밀알의 법칙보다 더 확실한 성공적인 법칙은 아무것도 없습니다. 여러분이 바로 여러분을 무시하고 비웃는 듯한 어린이들 앞에서 한알의 밀알이 되어서 땅에 떨어져 죽으십시오.

"그는 다른 사람을 구원했지만 자신을 구원할 수 없었구나."

이 모욕의 말은 십자가에 달리신 예수님께 던져진 막말이었습니다. 그러나 따지고 보면, 이 말은 비록 모욕이기는 했지만 열매 맺는 법칙의 진수를 잘 나타내 준 표현이었습니다. 예수님께서 스스로를 먼저 구원하셨다면 절대로 다른 사람들을 구원하시지 못하셨을 것입니다. 우리 자신도 마찬가지입니다.

우리가 자신을 먼저 돌아보면 우리는 절대로 다른 사람을 구원할 수 없습니다. 예수님께서 이 사실을 매우 쉽게 제시하셨습니다.

"누구든지 제 목숨을 구원코자 하면 잃을 것이요 누구든지 나를 위하여 제 목숨을 잃으면 구원하리라"(눅 9 : 24).

당신은 기꺼이 하나님께서 부르시고 맡기신 그곳에 가서 한 알의 밀알처럼 땅에 떨어져 죽을 각오가 되어 있습니까? 아무런

열매맺는 교사가 되는 비결

인정이나 사람의 칭찬을 받지 못하는 곳이라 할지라도 오직 하나님께 드릴 열매를 맺기 위해 죽을 각오가 되어 있습니까?

우리가 기도할 때, 그 장소는 하나님께서 우리 각자에게 정해주실 것입니다. 그곳은 해외 선교지가 될 수도 있겠고, 아니면 지금 당신이 사역하고 있는 바로 그 자리일 수도 있습니다. 장소가 어디든 우리에게 중요한 것은, 우리의 삶을 전적으로 주님께 드리고 우리의 장래에 대해 염려하지 않는 것입니다.

제임스 맥코니가 쓴 글은 아직 그의 글을 읽지 않은 많은 사람들에게 깊은 영적인 도움을 줍니다. 그의 책에서 그는 자기 자신을 하나님께 완전히 복종시키지 못하여 겪었던 자신의 내면적인 갈등에 대해 간증하고 있습니다. 그가 자기 자신을 주님께 완전히 드리고 의탁해야 하는 것을 알면서도 결단을 내리지 못하고 갈등하는 동안 성령님께서는 친히 말씀해 주셨습니다.

"너는 너를 위해 죽으신 분을 꼭 신뢰해야 한다."

이 짧은 메시지는 그 후 그의 운명을 완전히 거꾸로 바꾸어 놓았습니다. 그는 이제 확실히 주님을 믿게 되었습니다.

"내가 왜 나를 위해 죽으실 만큼 신실하신 그분을 믿지 못하겠는가?"

그렇습니다.

여러분, 여러분 자신을 기꺼이 한 알의 밀알처럼 주님께 전적

우리 선생님은 참 재미있어요

> 우리는 둘 중 한 가지를 선택해야 한다.
> 즐거움을 추구할 것인가,
> 아니면 십자가를 지고
> 열매맺는 삶을 살 것인가?

으로 바치시고, 장래를 의심하지 마십시오. 신학교를 가든, 선교지로 떠나든, 아니면 주님을 위한 각종 사업을 시작하든, 여러분의 장래는 하나님께서 책임져 주신다는 사실을 굳게 믿으십시오!

"너희는 먼저 그의 나라와 그의 의를 구하라 그리하면 이 모든 것을 너희에게 더하시리라"(마 6 : 33).

자기 자신의 영광을 구하지 않고 전적으로 희생하는 사람을 통하여 하나님께서 이루시지 못할 일은 없다.

19

죽음에서 나는 생명

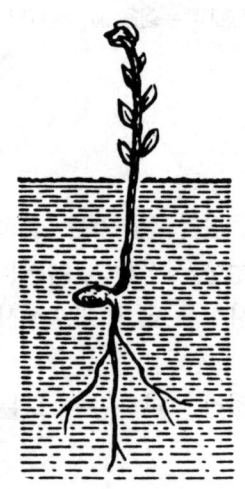

"그런즉 사망은 우리 안에서 역사하고 생명은 너희 안에서 하느니라"
(고후 4:12)

　인도의 성자 간디가 영국을 방문했을 때, 그는 영국 사람들이 믿는 기독교에 대해 굉장한 관심을 가지고 있었습니다. 그는 그곳에서 그리스도의 이름을 부르는 자들의 일상 생활을 유심히 지켜 보았습니다. 그리고 인도로 돌아와서 그는 다음과 같이 말했습니다.
　"나는 그리스도인들이 믿는 그리스도를 대단히 존경합니다. 그러나 그 분을 우리 인도 국민들에게 소개하고 싶지는 않습니다. 왜냐하면 그 분의 대다수의 제자들은 그 분과 전혀 다른 모습을 보여주었기 때문입니다."
　이 얼마나 비극입니까? 인도에서 아직 아무도 그 만큼 영향력을 끼친 지도자는 없습니다. 간디가 영국에 사는 동안 그는 그리스도를 믿는 신앙을 접할 기회가 있었지만 도리어 그것으로

우리 선생님은 참 재미있어요

부터 멀리 떠나 버리고 말았습니다. 왜냐하면 그리스도의 제자라고 고백하는 사람들의 삶 속에서 그는 말할 수 없는 인종 차별과 편견과 무시를 당했기 때문이었습니다.

오늘도 주님을 따른다고 고백하면서도 나의 삶이 올바르지 못하여, 내 주변의 많은 사람들이 내 인간적인 모습을 보고 실족하여 간디처럼 신앙을 버리는 일이 일어나고 있는지도 모릅니다. 하나님께서 우리에게 은혜를 베푸사 이런 일들이 없기를 간절히 바랄 따름입니다.

우리가 꼭 명심해야 할 사실은, 사람들이 우리의 육신과 자아적 모습을 바라본다면 그들은 아무런 생명력을 느끼지 못하고 실망으로 가득차게 되지만, 그러나 그들이 우리 가운데 있는 그리스도를 바라볼 수 있을 때 그들은 생명을 느낀다는 사실입니다.

열매란 당신의 설교와 가르침에서 얻어지는 것이 아니라
당신의 삶의 모습 가운데서 얻어지는 것입니다.

워치만 니는 말했습니다.
"주님께서는 당신의 입술로부터 나오는 것보다 당신의 내면적인 삶으로부터 나오는 것에 더 많은 관심을 갖고 계심을 여러

죽음에서 나는 생명

분들은 명심해야 될 것입니다."
주님께서 관심을 갖는 것은 여러분의 가르침이나 설교가 아닙니다. 당신이 노력하고 전하고자 하는 감명 따위에는 그다지 많은 관심이 없으십니다. 주님의 관심은 당신의 삶으로부터 보여지는 신앙 인격이며, 그것이 바로 판단의 최고 잣대입니다.
당신은 사람들을 억지로 감동시키고자 합니까, 아니면 당신의 삶 속에 주님의 형상을 나타냄으로써 사람들을 감화하고자 합니까?
당신은 자기 지식에서 나온 가르침들을 애써 강조하여 가르치려 합니까, 아니면 성령님이 주시는 말씀을 가르치고자 합니까?
우리는 십자가에서 죽으신 그리스도와 함께 죽어야 합니다. 바로 그때 우리의 삶 가운데서 나 자신의 모습은 감추어지고 주님의 형상이 나타나는 것입니다.
모든 성도들은 그리스도의 생명을 그 속에 가지고 있습니다. 이 그리스도의 생명은 믿지 않는 사람들에게 생명을 불어넣어 주는 능력이 있습니다. 그런데 우리는 이런 그리스도의 생명력이 우리 자신으로부터 솟구쳐 나오는 것을 종종 방해하고 있는데, 그 이유는 우리 자신의 모습을 드러내기 때문입니다.
예수님은 말씀하십니다.

우리 선생님은 참 재미있어요

> 열매란 당신의 설교와
> 가르침에서 얻어지는 것이 아니라
> 당신의 삶의 모습 가운데서
> 얻어지는 것이다.

"내 안에 거하라 나도 너희 안에 거하리라"(요 15 : 4).
그리스도 안에 거한다는 것이 의미하는 것이 여러 가지가 있습니다만, 한 가지 분명한 사실은 그 분의 죽으심 안에 거한다는 것입니다. 우리가 주님의 죽으심과 동행할 때, 주님의 생명력이 우리 가운데서 나타나기 시작합니다.

주님이 일러 주신 한 알의 밀알의 비유로 돌아가서, 우리는 생명력이 그 밀알 속에 있다는 것을 압니다. 그러나 그 생명력은 매우 단단한 껍질로 뒤덮여 있습니다. 그래서 그 껍질이 벗겨지지 않는 한 그 속에 있는 생명력은 절대로 나타날 수가 없습니다. 주님이 말씀하신 것이 바로 이것입니다.
"한 알의 밀이 땅에 떨어져 죽지 아니하면 한 알 그대로 있고 죽으면 많은 열매를 맺느니라"(요 12 : 24).
한 알의 밀알이 죽을 때 어떤 일이 일어납니까? 땅 속 흑암과 같은 캄캄함과, 진득한 습기와, 사방이 꽉 막힌 생소한 환경 가운데서 답답해 하는 가운데 자신의 껍질이 비로소 깨어지기 시작합니다. 그리고 그 단단한 껍질이 깨어질 때, 그 속에 있던 생명력이 나타나 비로소 열매를 맺게 되는 것입니다.
영적인 열매를 맺는 것은 "죽는 것"이지 결코 "분주함"이 아닙니다.

죽음에서 나는 생명

    그리스도의 생명력이 우리 자신으로부터 넘쳐나와 다른 사람들에게 영향력을 끼치려면, 먼저 우리가 반드시 깨어지는 역사가 있어야 합니다. 우리는 자아와, 자기 중심적 사고, 자기 야심, 이기심, 기타 수천 가지의 자기 중심적인 모습을 반드시 죽게 해야 합니다.
    그렇게 해서 우리의 소원이 예수 그리스도께만 영광돌리는 것이 되어야지, 결코 조금이라도 우리 자신이 영광을 받으려고 해서는 안 됩니다. 데니(Denney) 교수는 다음과 같이 말했습니다.

    "그리스도와 자신을 동시에 드러내고 높이며 증거할 수 있는 사람은 이 세상에 아무도 없습니다. 자기 자신이 똑똑하다는 인상을 심어줌과 동시에 그리스도는 구세주라는 사실을 증거할 수 있는 사람도 이 세상에는 아무도 없습니다."

    한 알의 씨는 땅에 떨어져 죽을 뿐만 아니라 계속 죽어 땅 속에서 지냅니다. 그때 태어난 새 생명은 이 죽음 가운데 더욱 깊이 뿌리를 내리는 것입니다. 결국 한 알의 밀이 땅 속에 죽어 "계속" 지내는 동안, 그 속에서는 생명력이 땅 속으로 돋아나서 다른 생명들을 잉태하는 열매를 맺게 되는 것입니다.

우리 선생님은 참 재미있어요

> 영적인 열매를 맺는 것은
> "죽는 것"이지,
> 결코 "분주함"이 아닙니다.

　이런 일들이 우리에게 일어나야 합니다. 우리가 예수님의 생명력을 드러내고자 한다면, 먼저 우리가 반드시 그리스도 안에서 죽어야 합니다. 그리고 "계속" 죽어 있어야 합니다.
　바울은 말하기를 "우리가 '항상' 예수 죽인 것을 몸에 짊어짐은 예수의 생명도 우리 몸에 나타나게 하려 함이라"(고후 4 : 10)고 하였습니다.
　왜 우리가 항상 몸에 예수 죽인 것을 짊어져야 합니까? 그렇지 않으면 일순간이라도 사람들은 우리 육신의 모습을 보게 됩니다. 그것이 줄 수 있는 것은 사망뿐입니다. 그래서 우리는 항상 우리 육신의 모습을 그리스도의 십자가를 등에 짊어지고 죽여야 합니다. 우리 몸에서 우리의 모습이 죽을 때, 그리스도의 생명력이 나타나고, 그것이 흘러나와 다른 사람들을 감화시키는 것입니다.
　사람들은 말하기를 "그리스도가 모든 문제의 해답이다."라고 합니다.
　맞는 말입니다. 그런데 우리 삶의 모든 어려운 문제 때마다 해결자이신 그리스도께서 나타나시려면 먼저 그 분을 위한 길이 예비되어야 하는데, 그것은 바로 십자가입니다.
　우리가 처한 모든 환경에서 문제의 해답이신 그리스도가 나타나시려면, 먼저 우리가 십자가를 지고 죽을 때 그 속에서 그

죽음에서 나는 생명

리스도의 생명력이 나타나는 것입니다.
 그래서 바울은 말하기를 "우리 산 자가 항상 예수를 위하여 죽음에 넘기움은 예수의 생명이 또한 우리 죽을 육체에 나타나게 하려 함이니라 그런즉 사망은 우리 안에서 역사하고 생명은 너희 안에서 하느니라"(고후 4 : 11-12)라고 하였습니다.
 『십자가 중심』(The Centrality of the Cross)이란 책에서 펜 루이스는 어떻게 자신이 열매맺는 비결을 깨닫게 되었는지를 아래와 같이 설명하고 있습니다.

"내가 우연히 마담 기오니의 책을 읽고 있는 중에, 나는 십자가의 비밀과 그것이 무엇을 의미하는 지를 명확히 깨닫게 되었습니다. 그때 나는 책을 팽개치며 말했습니다.
 "아냐, 나는 절대로 이 길을 갈 수 없어."
 그러나 그 다음 날 다시 그 책을 집어들고 읽게 되었을 때, 주님께서 내게 부드럽게 속삭이셨습니다.
 '네가 하나님과의 깊은 교제 관계를 가지며 완전히 하나가 되어 능력있는 사역자가 되기를 원한다면, 너는 반드시 십자가의 길을 가야 한다.'
 그때 나는 반문했습니다. '하나님, 제가요? 저는 못갑니다.'

> 우리는 소리나는 구리와 울리는 꽹과리가
> 되어서는 안된다.
> 쟁쟁한 소리를 내기 시작하면
> 성령님은
> 그 사람을 떠나신다.

 그리고 다시 저는 그 책을 팽개쳐 버리고 말았습니다.
 사흘째 되는 날, 다시 저는 그 책을 또 읽게 되었습니다. 다시 한번 주님은 제게 말씀하셨습니다.
 '네가 열매를 원한다면 바로 이 길을 걸어야 하느니라. 나는 너의 즐거움을 빼앗으려는 것이 아니다. 네가 원한다면 너는 계속 스스로 즐거움을 좇아 살 수 있다. 그러나 너는 둘 중 한 가지 선택해야 한다. 즐거움을 추구할 것인가, 아니면 십자가를 지고 살면서 열매 맺는 삶을 살 것인가? 너는 과연 어느 쪽을 택하려느냐?'
 그때 저는 성령님의 은혜로 이렇게 결심했습니다.
 '주님 저는 열매를 맺는 좁은 십자가의 길을 택하렵니다.'
 그 순간 저는 일평생 추구하던 모든 삶의 즐거움과 쾌락을 포기하였습니다. 대신에 캄캄하고 어두운 길을 택하여 걸었습니다. 믿음의 길이라고 하였지만, 그것은 마치 하나님이 전혀 계시지 않는 것 같은 땅 속 깊은 어두운 길이었습니다.
 그때 저는 재차 하나님의 은혜로 이렇게 고백했습니다.
 '나는 내가 선택한 길이므로 걸어갈 따름이다.'
 그리하여 실제로 저는 그 길을 갔습니다.

죽음에서 나는 생명

　그 당시에는 그 결과가 어떻게 될지 전혀 몰랐었습니다. 오직 사망의 고통이 엄습하였지만, 그래서 그 고통 가운데서 열매를 맺는 것은 기대할 여유조차 없었지만, 마침내 저는 열매를 보게 되었던 것입니다.
　그때 저는 깨달았습니다. 우리 사역에서 열매를 맺는 것은 그 저 즐거운 일들만 있는 것이 아니라, 반드시 사역자가 한 알의 밀알이 되어 죽는 사망의 고통이 있을 때, 그리고 가슴 한쪽이 썩어져 문들어지는 듯한 아픔이 올 때에도 얼굴은 웃음을 잃지 않을 때, 바로 이때 열매가 맺어진다는 것을 확실히 깨달았습니다."

열매 맺는 사역자가 되는 비결은, 한 마디로
다른 사람들에게 자신의 모든 것을 내어주는 것이고
그들에게 아무런 대가를 바라지 않는 것이다.
나의 삶을 하나님의 인도에 전적으로 맡기고
자신을 돌아보지 아니하면,
자신의 시간과 물질과 관심과 즐거움을
전혀 돌아보지 아니하는 사망의 고통을 지나면,
나의 껍질이 깨어지고 그 속에서 그리스도의 생명이 나타나
그것이 열매를 맺는 것이다.

20
하나님은 당신을 사용하시기를 원하십니다

"여호와의 눈은 온 땅을 두루 감찰하사 전심으로 자기에게 향하는 자를 위하여 능력을 베푸시나니"
(역대하 16:9)

이 책의 많은 부분을 할애해서 저는 어린이 전도의 실제적인 방법들을 소개했습니다. 물론 그 방법들은 제가 사역 현장에서 사용해 온 것들이며 또한 성공적인 결과를 얻은 방법들입니다.

그러나 여러분에게 있어서 여기 소개한 저의 방법이 100퍼센트 성공을 거둔다고 장담할 수는 없습니다. 이 방법들은 사용하는 사람의 영적 수준에 따라 성공할 수도 있고 실패할 수도 있습니다.

> 아무리 방법이 좋아도 그것을 사용하는 사람이 준비된 사람이 아니면 어떤 좋은 방법으로도 성공을 거두지 못할 것입니다.

　E. M. 바운즈(Bounds)는 그의 저서 『기도의 능력』(*Power Through Prayer*)에서 다음과 같이 말합니다.
　"요즈음 됨됨이를 아예 무시하거나 깊이 고려하지 않는 경향이 있습니다. 그러나 하나님의 일은 인간의 주도 면밀한 계획이나 조직 경영 능력에 의해 성취된다기보다는, 바로 그 일을 수행하는 사람의 신앙 인격과 영적인 성숙도에 따라 성공의 여부가 결정됩니다. 즉, 하나님께서 일을 이루시는 방법은 신앙 인격이 갖추어진 성숙한 사람들을 통해서이지 결코 방법론이 좋은 사람을 통해서가 아닙니다."

> "교회는 더 훌륭한 방법들을 찾고 있습니다.
> 그러나 하나님은 더 성숙한 사람들을 찾고 있습니다."

　우리는 하나님께 우리를 사용해 달라고 굳이 안달하며 간구할 필요가 없습니다. 그분은 언제나 우리를 사용하기를 원하십니다. 그러므로 우리 자신들에게 먼저 자문해 보아야 할 것은, 과연 나 자신이 하나님께 사용될 만큼 영적으로 충분히 성숙된 사람인가 하는 것입니다.
　밴스 해브너(Vancd Havner)는 다음과 같이 직설적으로 말했습니다.

하나님은 당신을 사용하시기를 원하십니다

> 교회는 훌륭한 방법들을 찾고 있다
> 그러나 하나님은 더 성숙한
> 사람들을 찾고 계신다

"하나님이 지금 당신을 존귀하게 사용하고 있지 않다면, 그것은 바로 당신의 영적 자질이 아직 부족하기 때문입니다."

그러면 하나님께 유용하게 사용되기 위하여 우리는 어떤 준비를 해야 할까요? 그것은 하나님께서 그 분의 일꾼들에게 원하시는 자질들을 우리가 갖추는 것입니다.

하나님께서 당신을 들어 쓰시기를 원하신다는 사실을 기억하면서 다음의 질문에 스스로 답해 보십시오. 이것들은 하나님이 원하시는 주의 종으로서 갖추어야 할 자격 요건들입니다.

1. 나는 그리스도인으로서의 기본적 자격 요건들을 갖추고 있습니까?

하나님을 섬기는 삶에 있어서 효율적이며 풍성한 열매를 맺기 위해 절대적으로 갖추어야 할 기본적인 몇 가지 자격 요건들이 있습니다.

비록 이미 알고 있는 내용이라 할지라도, 우리는 수시로 아래의 자격 요건들을 자문해 보면서 자신을 점검해 볼 필요가 있습니다.

나는 구원의 확신이 있습니까?

이상하게 들릴지 모르지만, 그리스도께서 이 세상의 모든 사람들의 죄를 위해 죽으셨다는 것을 알고 또 설교를 하면서도, 바로 나 자신의 죄를 위해 죽으셨다는 것을 진정으로 깨닫지 못하는 사람들이 있습니다.

감리교의 창시자인 요한 웨슬레는 미국에 가서 3년 동안 선교사로서 지냈습니다. 그때 조지아주에서 모라비안 설교자를 만났는데, 그는 자신이 받은 구원에 대해 확신있게 이야기하는 모라비안 설교자에게서 큰 감명을 느꼈습니다. 그리하여 그는 영국으로 돌아온 후 자신의 일기장에 다음과 같이 기록했습니다.

"내가 이제까지 무엇을 배웠는가? 내가 비록 직분을 가진 자일지라도 하나님께 구원받지 못할 수도 있다는 사실을 왜 조금도 의심해 보지 않았는가? 미국에 가서야 비로소 나는 내가 결코 진심으로 하나님께로 회심하지 않았다는 것을 깨달았다."

이런 진정한 구원의 진단 후 얼마 못 가서 요한 웨슬레는 자신의 구원을 진정 확신하게 되었습니다.

나는 전적으로 하나님께 헌신되어 있습니까?

우리 자신의 전부를 그리스도께 드려서 전적으로 헌신하기 전까지는 절대로 하나님의 능력을 우리 사역 가운데서 체험할 수 없습니다. L. E.맥스웰(Maxwell)은 다음과 같이 말했습니다.
"하나님의 능력은 당신이 그리스도께 얼마만큼 전적으로 복종되어 있는지 그 정도에 따라 다르게 나타날 것입니다."

구약 시대의 제사 가운데 그리스도의 대속적 죽으심을 예표했던 "속죄제"가 있었습니다. 그리고 하나님께 봉사하기 위해 자신을 드린다는 의미의 "번제"도 있었습니다.

그 번제의 희생 제물로는 여러 가지 것들이 사용되었습니다. 부유한 사람은 수소를 드렸고, 덜 부유한 사람은 어린 양을 드렸으며, 그 외 가난한 사람은 비둘기를 사서 드렸습니다.

이 헌물들은 모두 각기 그 종류가 달랐지만 하나님께 동일하게 흠향되어졌습니다. 왜냐하면 그것은 모두가 자신의 삶 전체를 불태워 드린다는 생명의 헌신이 담긴 제사였기 때문입니다.

하나님께서 우리에게 원하시는 것은 바로 이것입니다. 즉, 우리의 삶 전체입니다. 하나님께서는 지금 우리에게 소나 양 같은 "죽은 제물"이 아닌 "산 제물"을 요구하십니다. 성경은 다음과 같이 권고합니다.

"그러므로 형제들아 내가 하나님의 모든 자비하심으로 너희를 권하노니 너희 몸을 하나님이 기뻐하시는 거룩한 산 제사로 드리라 이는 너희의 드릴 영적 예배니라"(롬 12 : 1).

주님께서 자신의 고귀한 피값으로 우리의 생명을 사셨고, 이제

우리 선생님은 참 재미있어요

우리는 주님의 소유가 되었으므로, 그의 소유 된 종들은 자기가 가진 모든 것을 주인에게 드리는 것이 마땅한 도리입니다.

> "하나님이신 예수 그리스도께서 나를 위해 죽으셨다면,
> 우리가 그분께 드리지 못할 희생이란 아무것도 없다"
> ― C. T. 스터드(Studd) ―

"헌신(consecration)이 무엇인지 한마디로 말해 주십시오!"
한 학생이 질문했습니다. 그러자 선생님은 백지 한 장을 들어 보이며 그에게 말했습니다.
"여기 맨 아래에 너의 이름을 쓰고 서명한 후, 나머지 모든 여백은 하나님께서 무엇을 쓰시든지 네가 그 모든 것을 그대로 이행하겠다고 결심하는 것을 말한단다."

나는 세속으로부터 분리되어 있습니까?

그리스도인이란 "그리스도의 사람"이므로 주님과의 관계에 지장을 주는 것이라면 무엇이든지 거부해야 합니다. 윌버 채프만(Wilbur Chapman)은 다음과 같이 말했습니다.
"그리스도를 향한 나의 신앙을 흐트러뜨리거나, 기도 생활을 방해하거나, 또한 그리스도의 사업을 어렵게 만드는 것은 어느

하나님은 당신을 사용하시기를 원하십니다

> 이 세상 사람들이
> 가는 곳에 당신도 갈 수 있다.
> 그리고 그들이 하는 것들을
> 당신도 똑같이 즐길 수 있다
> 그러나 그렇게 하면서 하나님의 능력이
> 당신의 삶에 나타나지라고는
> 절대로 기대하지 말라.

것이든 나에게 그릇된 것이므로 나는 그리스도인으로서 그런 것들로부터 단호히 돌아서고자 한다."

하나님께서 명백히 말씀하십니다.

"세상과 벗된 것이 하나님의 원수임을 알지 못하느뇨 그런즉 누구든지 세상과 벗이 되고자 하는 자는 스스로 하나님과 원수되게 하는 것이니라"(약4 : 4).

나의 영적인 상담자인 폴 라보츠(Paul LaBotz)가 들려준 말을 나는 결코 잊지 못할 것입니다.

"이 세상 사람들이 가는 곳에 당신도 갈 수 있습니다. 그리고 그들이 하는 것들을 당신도 똑같이 즐길 수 있습니다. 그러나 그렇게 하면서 하나님의 능력이 당신의 삶에 나타나리라고는 절대로 기대하지 마십시오."

나의 삶 속에 아직 자백하지 않거나 버리지 않은 죄의 습관이 있습니까?

하나님께서는 그 분의 백성을 매우 사랑하시며 오래 참으십니다. 그러나 죄에 대해서는 결코 관대하지 않으십니다. 우리가 주님을 영접한 후에도 우리의 삶 가운데 어떤 죄의 습관을 그대로 내버려둔다면 하나님은 우리의 기도를 결코 듣지 않겠다고 하셨습니다.

"내가 내 마음에 죄악을 품으면 주께서 듣지 아니하시리라" (시 66 : 18).

오늘날 "사랑의 하나님"이 너무 강조된 나머지 모든 것을 소멸시키는 불이신 "두려운 하나님"이 무시되는 경향이 있습니다. 그리하여 사람들은 자신이 아무리 죄를 많이 저질러도 무한정 용서하시는 무궁한 사랑의 하나님만을 찬양하기 좋아합니다.

"사랑의 하나님"과 "두려운 하나님"은 서로 모순이 아닙니다. 하나님은 두려워 섬기는 자에게 사랑과 인자를 베풀어 주십니다 (시 103 : 11). 그러므로 우리는 하나님의 사랑을 받기 위해, 먼저 하나님을 두려워하고 악을 떠나는 지혜와 명철을 가져야 하겠습니다(잠 28 : 28).

아담과 하와는 선악과를 따먹으면 정녕 죽으리라는 하나님의 엄명을 받았습니다(창 2 : 17). 오늘날 우리들도 동일한 엄명을 받고 있습니다.

"너희가 육신대로 살면 반드시 죽을 것이로되……"(롬 8 : 13).

"주님의 사역을 수행하는 중에 궁극적으로 사람을 해치는 시도에 대해서는 예수님은 절대 궁휼히 보지 않으신다."
— 오스왈드 챔버스(Oswald Chambers) —

나는 그리스도와 동행하고 있습니까?

예수님은 우리와 예수님과의 관계를 자연을 통해 예화로 쉽고도 심오하게 잘 설명해 주셨습니다.

"나는 포도나무요 너희는 가지니……"(요 15 : 5).

가지가 포도나무에 붙어 있지 않고는 열매를 맺을 수 없듯이, 우리도 주님과 동행하지 않고는 절대로 열매를 맺을 수 없습니다. 예수님은 말씀하셨습니다.

"나를 떠나서는 너희가 아무것도 할 수 없음이라"(요 15 : 5).

그리스도와 동행하는 것은 그 분을 전적으로 신뢰하고, 순종하며, 우리의 모든 필요들을 의탁하는 것을 의미합니다.

여러분, 이제 갓 그리스도인이 되신 분들은 성경에 대한 지식이 그다지 깊지는 않을 것입니다. 그렇지만 그리스도와 동행하기만 하면 초신자라도 풍성한 열매를 맺을 수 있습니다. 예수님은 말씀하셨습니다.

"저가 내 안에, 내가 저 안에 있으면 이 사람은 과실을 많이 맺나니……"(요 15 : 5).

2. 나는 한 몸으로서의 공동체를 염두에 두고 있습니까?

모든 성도들은 그리스도의 몸의 각 구성 요소들입니다. 이와 같이 우리들은 서로 밀접하게 관계되어 있고 상호 의존적입니다. 성경은 말씀합니다.

"우리가 한 몸에 많은 지체를 가졌으나……이와 같이 우리 많은 사람이 그리스도 안에서 한 몸이 되어 한 지체가 되었느니라"(롬 12 : 4-5).

하나님께서는 절대로 우리가 독주하는 것을 좋아하지 않으십니다. 그분의 계획은 우리가 서로 협력하여, 나 혼자서 혼자서는 감당할 수 없는 일을 서로 도와 함께 성취하는 것입니다. 이런 이유로, 우리는 그리스도의 몸인 다른 지체들과 올바른 사랑의 관계를 갖는 것이 대단히 중요합니다.

그렇지만 한 공동체 안에서 다른 지체와 진정한 사랑의 관계를 갖지 못하고 마음의 벽을 쌓고 지내는 사람들이 있습니다. 그들은 스스로 생각하기를 '저 지체가 나에게 큰 상처를 주었으니 저가 나에게 와서 진정으로 용서를 구하기 전에는 그와 담을 쌓고 지내는 것이 어쩔 수 없다'라고 속으로 생각하며 스스로 정당하게 여깁니다.

그러나 우리는 누군가 마음속에 미워하는 사람이 있으면, 그 것은 내게 잘못한 그 사람의 문제가 아니라, 바로 모든 것을 아낌없이 내어주고 용서하지 못하는 나에게 더 큰 잘못이 있다는 점을 반드시 깨달아야 합니다.

다른 사람과의 벽은, 다른 지체가 아니라 바로 지금 내가 쌓고 있는 것입니다. 비록 그 지체가 도저히 용서할 수 없는 잘못을 내게 저질렀다 하더라도 주님께서는 우리에게 서로 용서하고 화목하라고 명령하셨습니다.

교사들은 절대로 교사들끼리 등 돌리고 다투는 모습을 어린 이들에게 보여주어서는 안 됩니다. 도리어 서로 칭찬하고 격려하고 섬기는 모습을 보여주는 것이, 무수한 설교보다 더욱 효과적인 교육이 될 때가 많습니다.

서로가 범하는 잘못을 말씀의 원리에 따라 해결하고 있습니까?

우리의 삶은 언제나 인격적인 문제로 인한 부딪힘과, 또한 서로에게 범하는 실수와 잘못으로 인해 끊임없는 고통을 서로 주고받고 있습니다. 그것을 피할 수는 없지만, 그것으로 인해 상대방에게 원한을 품게 되는 것은 심각한 문제로 다루어져야 합니다.

마태복음 18장에서 예수님은 누군가 우리에게 잘못을 범하면 어떻게 해야 하는지 그 원리를 가르쳐 주셨습니다. 우리는 그것

우리 선생님은 참 재미있어요

을 다른 사람에게 먼저 이야기해서는 안 됩니다.

먼저 우리가 취할 행동은, 내게 죄를 범한 그 사람에게 일대일로 찾아가서 그의 잘못을 온유한 마음으로 지적해 주면서, 앞으로 시정해 줄 것을 용서와 겸손의 마음으로 요청해야 합니다 (마 18 : 15).

그러나 우리는 종종 자기가 남에게 상처입힌 것은 깨닫지 못하고, 남이 나에게 상처 준 것만 끊임없이 기억하고 가슴 아프게 생각합니다.

그러므로 우리는 그 사람에게 찾아가서 일대일로 한마디 권고하기 이전에, 열 마디 더 하나님께 기도로 고하면서 이 문제를 풀어주시도록 간절히 기도해야 합니다. 기도할 때 하나님께서는 지혜의 말씀을 주셔서 우리가 해야 할 일들을 가르쳐 주시든지, 아니면 남의 눈의 티보다 내 눈 속에 있는 들보를 바라보게 하심으로써 나 스스로 그 문제를 해결할 수 있도록 인도해 주십니다.

우리가 앞서 살펴 보았듯이 한 알의 밀알처럼 땅에 떨어져 죽을 때 많은 열매가 생깁니다. 우리 속에서 끊임없이 솟아나는 아픔과 상처로 인해 우리가 죽을 때, 그곳에서 삼십배, 육십배, 백배의 결실이 맺어지는 것입니다. 물론 내 형제의 유익을 위하여 그 사람이 계속 죄와 잘못을 범하지 않기를 간절히 바라는 마음으로 우리가 개인적으로 만나서 문제점을 알려 줄 수는 있

> 헌신이란,
> 백지에 자기 이름을 쓰고 서명한 후
> 나머지 여백은 하나님께서
> 무엇을 쓰시는지
> 내가 그 모든 것을 이행하겠다고 하는
> 결심을 말한다.

습니다.

그러나 개인적으로 조용히 찾아가서 하는 이야기의 내용이 "당신이 시정하지 않으면 나는 더 큰 문제를 일으키겠다"식의 협박이 되어서는 안 됩니다. 또, 다른 제 삼자 또는 상사를 개인적으로 찾아가서 내 사정을 일방적으로 토로하고 나서, 나의 상대를 꾸짖고 압력을 넣도록 하는 일은 더욱 경계해야 합니다.

반대로 마태복음 5장에는 우리가 다른 사람에게 잘못을 저질렀을 때 어떻게 처리해야 할지를 가르쳐 주십니다.

"그러므로 예물을 제단에 드리다가 거기서 네 형제에게 원망 들을 만한 일이 있는 줄 생각나거든 예물을 제단 앞에 두고 먼저 가서 형제와 화목하고 그 후에 와서 예물을 드리라"(마 5 : 23-24).

예수님은 우리에게 가서 직접 용서를 구하라고 가르치고 계십니다.

> "나는 다른 사람을 미워하고 끝내 용서하지 못하여 내 이웃들이 나를 마음이 좁고 인격이 부족한 사람으로 평가 절하하는 것을 절대로 허용하지 않겠습니다."
> ─ 북커 티 워싱턴(Booker T. Washington) ─

우리 선생님은 참 재미있어요

우리가 형제를 용서하지 못하고 섭섭한 마음과 원통함을 마음 속 깊이 우리 골수에 간직하는 것은 심신에 큰 독소가 되며, 그것은 변명의 여지가 없는 우리의 잘못입니다. 하나님께서는 마음 속에 늘 원통함을 품고서 다른 지체를 용서할 줄 모르는 강퍅한 마음을 가지는 사람을 절대로 사용하지 않으십니다.

그러나 우리가 서로 용서하고 우애하며 지내면, 그것은 보기에 얼마나 아름답고 존경받는 일이 되는지요!

요한 웨슬레와 조지 휘트필드는 서로 다른 신학적 견해를 가지고 있었습니다. 당시 이들 두 사람 사이의 골은 모든 대중이 다 알고 있었습니다. 그들은 당대에 하나님께서 크게 쓰신 지도자들이었지만 둘의 갈등은 오랫동안 지속되었습니다. 그러나 결국 이 둘은 서로를 용서하고 이후에는 가장 좋은 친구 사이가 되었습니다. 그래서 휘트필드는 운명하기 직전에 자신의 장례식에 웨슬레가 와서 설교해 주도록 요청하였습니다.

웨슬레는 이 제의를 쾌히 승락했습니다. 그리하여 장례식을 마치자 한 부인이 웨슬레에게 와서 물었습니다.

"웨슬레 목사님, 당신은 휘트필드 목사님을 천국에서 만날 날을 고대하시겠군요."

"아닙니다, 부인."

이것이 웨슬레의 즉각적인 대답이었습니다.
그러자 부인은 한 걸음 뒤로 물러서더니 이렇게 말했습니다.
"당신이 그렇게 말할 줄 알았어요!"
웨슬레가 말했습니다.
"저를 오해하지 마십시오. 천국에서 휘트필드 목사님은 별처럼 환하게 빛나는 모습으로 하나님의 보좌 가까이에서 주님을 섬기실 것입니다. 그래서 나같이 미천한 종은 휘트필드 목사님의 지나가는 모습일지라도 한번 슬쩍 뵙는 일조차 힘들 것입니다."

나는 다른 그리스도인과 사이좋게 지내고 있는가?

어떤 형제가 웃으면서 이렇게 말했습니다.
"만약에 내가 다른 사람과 동역하지 않고 아예 혼자 일을 처리한다면, 나는 정말 하나님 사업을 즐겁게 잘 감당할 수 있을 텐데……"

실제로 잘될지도 모릅니다. 그러나 명심해야 할 것은, 하나님의 사업에는 혼자서 할 수 있는 일이 절대로 없다는 사실입니다. 교회 일은 특성상 다른 형제들과 꼭 동역을 해야 하는 일임을 진심으로 인정하십시오.

성도들과 함께
천국에서 사는 것은
그 얼마나 영광스런 일일까요?
나는 정말 동경하고 있어요.
그러나 성도들과 함께
이 땅에서 사는 것은
그 얼마나 고통스런 일인가요?
나는 정말 벗어나고 싶어요.

하나님의 사업에 있어서는 모든 일들이 하나님의 축복을 받아야 합니다. 하나님께서 우리 사업을 축복하지 않으시면, 우리는 "주여, 우리가 밤새 고기를 잡았지만 아무것도 잡은 것이 없나이다"라고 말했던 제자들처럼 아무런 열매와 보람도 거두지 못하고 헛수고만 잔뜩 하고 말 것입니다.

우리가 하나님의 일을 감당함에 있어서 하나님의 축복을 받아야 되는데, 이 축복은 우리가 서로 사랑하고 화목을 이룰 때에 주어집니다. 성경이 이를 명확히 우리에게 가르쳐 주고 있습니다.

"형제가 연합하여 동거함이 어찌 그리 선하고 아름다운고……거기서 여호와께서 복을 명하셨나니……"(시 133 : 1-3).

1. 그는 나에게 담을 쌓았습니다.
2. '이제 너랑은 놀지 않을 거야!'라는 표정으로 그는 나를 비웃었습니다.

3. 나는 자꾸 그에게 웃으면서 농담을 걸었습니다.
4. 나는 그를 용납하는 담을 쌓았습니다.

　그러나 우리들 가운데 어떤 이들은 한번 벽력 같은 성을 내고 서는, 그 후 즉시 용서를 구하며 스스로 뒤끝이 없는 좋은 인간성을 가진 사람으로 자처하는 사람도 있습니다.
　그러나 우리는 사십 년 동안 계속적으로 하나님과 지도자에게 거역하고 반역적이었던 백성들을 끝까지 참고 지도했던 모세의 온유함을 배워야 합니다.
　온유는 영성 훈련의 결과입니다. 하나님은 온유한 자에게 땅을 기업으로 차지하리라는 약속의 말씀을 주셨습니다. 자기의 혈기를 이기지 못하여 왈칵 울분을 토로하는 사람은 땅과, 지도력과, 사역의 범위를 점점 더 온유한 종들에게 빼앗기게 될 것입니다.
　단 한번이라도 언성을 높이지 마십시오. 복음 전도자로서의 이미지를 한번 훼손했다가 다시 회복하는 데에는 오랜 세월이 소요됩니다.

3. 나는 행동하는 그리스도인입니까?

　주일학교 교사는 실제로 말로만이 아니라 몸으로 움직이는 봉사자입니다. 주님이 받으시는 영적 예배(롬 12 : 1)는 그저 예배 시간에 입술로만 감동적으로 "주여, 나의 잔을 높이 듭니다"라는 등의 고백을 드리는 것이 아닙니다.

하나님은 당신을 사용하시기를 원하십니다

> 우리는 누군가 마음 속에
> 미워하는 사람이 있으면,
> 그것은 내게 잘못한 그 사람에 문제가 아니라,
> 바로 모든 것을 아낌없이 내어주고 용서하지 못하는
> 나에게 더 큰 잘못이 있다는 점을
> 깨달아야 한다.

　우리 입술의 찬양과 아울러 예배에 임하는 우리 마음의 준비와, 예배 이전 평소의 단정한 삶과, 또한 자기의 직분을 감당하기 위해 땀을 흘리며 끝까지 참고 열심히 봉사하는 것 모두가 영적 예배입니다.

　우리 그리스도인들은 한 사람도 예외 없이 어느 날 주 하나님의 심판대 앞에 서게 될 것입니다. 우리는 그곳에서 우리가 행한 모든 일을 직고하게 될 것입니다(롬 14 : 10 - 12).

　우리가 그 자리에서 돌이킬 수 없는 후회와 부끄러움을 당하지 않으려면, 오늘 하루의 삶이 과연 주님의 명령에 순종하는 실천적인 삶인가, 아니면 그저 입술로만 주님을 믿노라고 고백하는 사람인가를 매일 점검해야 합니다.

　여러분, 잠자리에 들기 직전에 눈을 감고 가만히 5분만 생각해 보십시오.

　'오늘 밤 주님이 천군 천사와 함께 재림하시고 내가 홀연히 주님의 심판대 앞에 서게 된다면 나는 과연 주님으로부터 잘했다 충성된 종이라는 칭찬을 들을 수가 있겠는가?'

　이렇게 날마다 점검하는 사람에게는 오늘의 잘못을 내일 시정할 수 있는 기회가 주어집니다. 그러나 평생 한번도 주님의 심판대 앞에 서는 연습을 하지 않았던 사람이 어느 날 갑자기 진짜 주님의 심판대 앞에 서게 될 때에, 그는 돌이킬 수 없는

낭패와 후회함을 맛보게 될 것입니다.

나는 주님이 사용하시도록 준비하고 있습니까?
어느 훌륭하고 경건하신 목사님께 어떻게 하면 제가 더욱 주님을 잘 섬길 수 있을지 물어보았습니다. 그러자 그분이 대답했습니다.
"하나님이 당신을 사용하실 수 있도록 당신 자신의 도구를 잘 준비하십시오."
그래서 다시 제가 물었습니다.
"제가 가진 도구를 잘 준비한다는 것이 구체적으로 무엇을 뜻하는 것입니까?"
"성경을 암송하십시오. 성경 말씀을 묵상하면서 외워 두시기 바랍니다."
이것이 그분의 대답이었습니다.
여러분이 하나님의 말씀을 외우고 묵상하는 것은 장차 하나님께서 당신을 사용하실 수 있도록 미리 자신을 준비시키는 일이 됩니다.
하나님께 귀하게 쓰임받는 유능한 사역자가 되려면 당신은 하나님의 말씀의 깊은 의미를 많이 깨닫고 삶에 적용하여 살고 있어야 합니다.

성경은 말씀하시기를 "네가 진리의 말씀을 옳게 분변하며 부끄러울 것이 없는 일꾼으로 인정된 자로 자신을 하나님 앞에 드리기를 힘쓰라"(딤후 2 : 15)라고 하였습니다.

이 구절이 하나님의 사역자들인 우리에게 무엇보다 필요한 것은, 진리의 말씀을 잘 연구하여 가르치는 사람이 되라는 것임을 가르치고 있습니다.

누구든지 하나님을 섬기기를 원한다고 하면서 하나님의 말씀을 연구하고 공부하는 시간을 할애하지 않는 사람은 많은 기대를 하지 마십시오. 하나님은 절대로 도구가 없는 맨손을 가진 당신에게 묵은 땅을 경작하라고 일을 맡기지 않으실 것입니다.

나는 부지런한가?

많은 그리스도인들이 하나님의 축복을 간구합니다. 그렇지만 그들은 축복을 받을 수 있도록 열심히 노동을 하지 않습니다. 성령님께서는 무절제하고 성실치 못한 삶을 사는 사람들을 절대로 축복해 주시지 않습니다. 그래서 성경은 말씀합니다.

"여호와의 일을 태만히 하는 자는 저주를 받을 것이요"(렘 48 : 10).

하나님을 섬기는 사람들은 세상 직업도 성실히 수행함으로써 직장에서 하나님의 영광을 나타내야 할 책임이 있습니다.

우리 선생님은 참 재미있어요

어떤 성도들은 교회 일이 너무 바쁘다는 핑계로 자기 직무를 태만히 하거나 성실한 제품을 만들지 않고 그 관심이 직장 일에서 완전히 떠나 있는 사람들이 있습니다. 이렇게 하고도 교회 일에만 열중하는 것이 하나님을 기쁘시게 한다고 생각하는 사람은 진실로 하나님을 잘 모르는 사람입니다.

> 일(Work)하기 전에 "성공"(Success)이란 말이 나오는 곳은 오직 사전뿐이다.

나의 우선 순위는 올바릅니까?

그리스도인이 되기 이전 우리는 자신이 원하는 대로 삶을 살았습니다. 그러나 이제 그리스도인이 된 이후에 우리 일생의 의무는 주님을 섬기는 일이 되었습니다.

하나님은 모든 그리스도인들이 직장을 그만두고 전임으로 (full-time) 복음을 증거하는 사역자가 되는 것을 원치 않으십니다.

하나님께서 우리에게 요구하시는 것은, 우리가 하나님으로부터 받은 각자의 소명대로 자기 직업에 충실하되, 그 직업을 수행하는 마음 자세가 항상 전적으로 하나님께 헌신되어 있는 것을

하나님은 당신을 사용하시기를 원하십니다

> "형제가 연합하여 동거함이
> 어찌 그리 선하고 아름다운고."
> (시편 133 : 1)

바라십니다.

당신이 어떤 직업을 갖고 어떤 일을 하든, 이제 그리스도인이 된 당신의 첫번째 우선 순위는 그 일을 통해 하나님께 헌신하는 것입니다. 내가 하고 있는 모든 일들의 첫번째 우선 순위는 바로 "하나님의 영광과 복음 전도 사업을 위한 것"입니다.

시카고에 있는 한 그리스도인 사업가가 이 개념을 잘 이해하고 있었습니다. 어떤 사람이 그에게 무슨 사업을 하느냐고 물었습니다. 그러자 그는 이렇게 대답했습니다.

"나의 사업은 사람들을 전도하여 영혼을 구하는 것입니다. 내가 여기서 고기를 포장하여 시중에 파는 일은 나의 사업에 필요한 비용을 마련하기 위한 것입니다."

나는 하나님께서 내게 주신 일에 철저히 매달리고 있습니까?

무디 성경 학교의 설립자인 부흥사 디.엘. 무디는 하나님의 사업을 놀랍게 감당하기 위한 비결로 다음 두 가지를 강조했습니다. 첫째는 "헌신"(consecration)으로, 이것은 나 자신 전부를 구약의 나실인처럼 하나님께 일평생 바친다는 뜻입니다. 그리고 둘째는 최선(concentration)으로, 곧 이것은 우리의 모든 정열을 하나님께서 우리에게 맡기신 사업에 쏟아붓는 것을 의미합니다.

주님은 우리 종들이 각자의 사명에 철저히 매달려 일하는 것을

기뻐하십니다. 그래서 사도 바울은 말하기를 "내가 수십 가지 일을 하고 있다"라고 말하지 아니하고, "이 한 가지 일을 내가 하고 있다"라고 하였습니다.

한갓 흔하고 쓸모없는 탄소 조각도 그것이 자기 자리에 매달려 있을 때 다이아몬드가 된다는 사실을 기억하십시오.

나는 스스로 절제하는 훈련이 되어 있습니까?

이 세상에 똑똑한 사람은 많습니다. 그럼에도 불구하고 자신이 계획한 삶의 목표를 성취하는 사람은 그다지 많지 않습니다. 그 이유가 무엇입니까? 그것은 사람들이 자신을 쳐서 복종시키는 "자기 절제 훈련"(self discipline)이 결여되어 있기 때문입니다.

요한 웨슬레는 우리가 성결하게 되는 것이 믿음으로 가능하다고 믿었습니다. 그렇지만 그는 믿음에 모든 것을 의존하지 않았고, 매일 아침 새벽 4시에 일어나 기도드리고 성경공부를 하면서 하나님과 교제하는 시간을 가졌습니다.

이 세상에서 무엇을 성취한 사람들의 공통적인 특징은 철저히 자기 절제의 훈련을 가졌다는 것입니다. 그러므로 우리는 시간 사용, 물질 사용, 건강 관리, 언어 구사, 대인 관계, 가정 생활 등 모든 영역에 있어서 철저한 자기 비평가가 되어 늘 단정한 삶을 살도록 노력해야 합니다.

스스로 절제하는 것 중에서 가장 중요한 것은 자기의 감정을 절제하는 것입니다. 우리는, 기분이 내키면 일을 하지만 일단 내 기분이 상하면 아무리 필요한 일이라도 고집을 피우며 절대로 하지 않는 사람이 되어서는 안됩니다. 우리는 자기 감정을 잘 다스려, 기분에 관계 없이 자기에게 주어진 임무를 성실히 감당할 수 있도록 철저히 자기 절제 훈련을 해야 합니다.

어떤 대학생이 어제는 수업받을 기분이 아니라서 강의 시간을 빼먹었노라고 교수님께 말씀드렸습니다. 그러자 교수는 엄한 목소리로 다음과 같이 충고했습니다.

"젊은이, 이 세상에서 되어지는 대부분의 일은, 그것을 썩 하고 싶지는 않지만 그래도 참고 자기 일을 성실히 감당하고 있는 사람들에 의해 이루어지고 있다네. 그런데 자네는 아직 예외인가?"

나는 영적인 문제를 진지하게 생각하고 있습니까?

우리는 어린들에게 구원이야말로 이 세상에서 가장 중대한 문제라는 인상을 어린이들에게 꼭 심어 주어야 합니다. 만약 우리가 이 문제에 대해 진지한 마음을 갖지 못한다면 어떻게 어린

이들이 진지하게 구원을 받아들이도록 기대할 수 있겠습니까?

삶과 죽음, 그리고 지옥, 사탄, 성령 등의 모든 주제들은 모두 대단히 우리 인간들에게 진지한 문제들입니다. 그러므로 우리는 이런 모든 영적인 일에 다루는 영혼의 의사로서 진지하게 구원받지 못한 환자들을 대해야 합니다.

4. 나는 하나님과의 교제 관계를 계속 유지하고 있습니까?

그리스도인의 삶은 하나님과 교제하는 삶입니다. 에녹은 하나님과 동행했다고 했습니다. 우리가 하나님과 교제하는 삶이 과연 무엇인가를 곰곰이 생각해 본다면, 아마 그 대답은 우리에 마음에 소원과 목적이 항상 하나님과 일치하는 것이 될 것입니다.

나는 하나님에 대한 모든 불평과 의심을 깨끗이 해결했습니까?

많은 성도들이 하나님과 완전히 동행하지 못하는 이유는, 그들이 하나님께 대한 한 가지 불만족스러운 사실이 가슴속에 응어리져 있기 때문입니다.

대개의 경우 하나님께서는 모든 사람에게 한 가지씩 약점을

하나님은 당신을 사용하시기를 원하십니다

> 누구든지 하나님을 섬기기를
> 원한다고 하면서
> 하나님의 말씀을 연구하고 공부하는
> 시간을 할애하지 않는 사람은,
> 많은 기대를 하지 말라.

주셨습니다. 우리는 하나님께서 우리에게 베풀어 주신 백 가지의 모든 축복과 은총에 감사하면서도, 오직 한 가지 불만족, 즉 하나님이 아직까지 해결해 주시지 않는 문제로 인하여 하나님의 선하심을 의심하게 됩니다.

하나님은 이 문제에 있어서도 우리가 긍정적으로 순종하고 복종하기까지 원하고 기다리신다는 사실을 명심해야 합니다. 하나님께서 우리에게 약점을 해결해 주시지 않는 것은, 그 은혜가 내게 족하기 때문이며 그리스도의 능력이 내게서 떠나지 않고 언제나 머물게 하기 위함 때문입니다.

그러나 어떤 사람들은 10년, 20년, 혹은 30년 이상의 세월을 허비하고 난 이후에 하나님의 뜻에 진정으로 순종하며 돌아오는 것을 봅니다. 절대로 우리는 그렇게 오랜 세월을 허비할 만큼 여유로워서는 안 됩니다. 우리가 기꺼이 하나님께서 맡기신 일을 감당하고자 한다면 이 문제를 기도로 하나님께 전적으로 맡겨야 합니다.

"주님, 저는 정말 주님께 이 문제만큼은 전적으로 순종하지 못하겠습니다. 그러나 주님, 순종하지 못하는 제 마음까지 변화시켜 주시옵소서……."

계속적인 불평과 불만이 아니라, 우리의 이해되지 않는 마음도 내어놓고 솔직한 심정으로 기도드리면, 하나님께서는 우리의 불

만족스러워하는 마음까지도 변화시켜 주실 것입니다.

나는 주 예수님을 사랑합니까?

예수님을 사랑하지 않고 섬기는 일은 좋아하지 않는 사람과 결혼해서 같이 사는 것과 같습니다. 우리가 주님에 대해서 생각할 때에는 항상 사랑과 그리움으로 충만해야 합니다. 예수님은 우리를 열정적으로 사랑하시며 또한 우리에게 진정한 사랑을 받기 원하십니다.

효과적인 설교 및 공과 공부 인도의 비결은, 선생님이 어린이들 앞에서 예수 그리스도를 향한 따뜻하고 친밀하고 넘치는 사랑의 표현을 자연스럽게 보여 주는 것입니다. 이것을 연극으로 하면 도리어 거부 반응을 일으킵니다. 평소에 선생님의 삶이 주님을 뜨겁게 사랑하는 데서 우러나온 표현이 될 때, 어린이의 마음 문이 열리기 시작합니다.

나는 주님과 날마다 경건의 시간을 가지고 있습니까?

오늘날 그리스도인들의 가장 큰 실수 한 가지는, 일과 사역이 너무 많고 복잡해서 하나님과 교제할 시간마저도 빼앗기고 있는 것입니다. 우리는 매일 하나님과 독대하여 만나는 기도와 말씀 연구의 시간을 가져야 합니다.

하나님은 당신을 사용하시기를 원하십니다

> 하나님은 완벽한 사람이 아니라
> 기꺼이 순종하려는 사람들을
> 찾으십니다.

　매일 갖는 경건의 시간(큐티)은 우리 그리스도인들의 일상 생활에 있어서 한 가지 더 선택할 수 있는 취미 생활 정도가 아닙니다. 우리 스스로 좋아서 하는 사색의 시간도 아닙니다. 그것은 우리의 생명이 존재하는 날 동안에 필수적으로 필요한 영적 생명의 공급처입니다.
　S. D. 고든(Gordon)은 다음과 같은 글을 썼습니다.

　"승리하는 그리스도인의 삶은 다음 세 가지가 갖추어졌을 때 가능합니다. 그것들은 '헌신으로 시작'하여 '고정된 목표'를 지향하며 나아가되, 그것을 '일상적 습관'처럼 계속 추진해야 한다는 것입니다.
　"헌신으로 시작"(initial act)함은 우리가 주 예수님을 나의 주인으로 모시고 그 분께 철저히 헌신하여 살기로 결심하는 것을 말합니다.
　"고정된 목표"(fixed purpose)란 일의 결과에 관계 없이 주어진 일에 있어서 오직 한 가지 목적, 즉 주님을 기쁘시게 하는 목적만 바라보고 추구하는 것을 뜻합니다.
　"일상적 습관"(daily habit)이란 기도와 말씀으로 경건의 시간을 가지면서, 매일 다가오는 고난과 난관을 극복하고 그 일을 계속 추진할 수 있는 영적인 힘, 성령의 재충전을 얻는 것을 뜻

합니다.

　우리가 일생에 어떤 전기를 맞이하여 나의 전적인 삶을 주님께 헌신하기로 작정(initial act of surrender)한 이후에는 그것으로 끝난 것이 아닙니다. 강건하고 승리하는 그리스도인의 삶은, 날마다 주님과 교제하며 말씀을 묵상하고 기도하는 생활을 게을리 하지 않고 꾸준히 계속하는 데 그 비결이 있습니다.

5. 하나님께 당신을 내어맡길 것입니까?

　어떤 사람은 앞에서 방금 언급한 부분을 읽고 이렇게 생각할지도 모릅니다.

　'나는 하나님이 내게 원하시는 것들에 너무 못미치고 있어. 그래서 하나님은 아마 나를 사용하지 않으실 거야.'

　그러나 여러분, 낙심하지 마십시오. 하나님은 "완벽한"(perfect) 사람을 찾으시는 것이 아닙니다. 그 분이 찾으시는 사람은 "기꺼이 순종하려고 하는"(willing) 사람들입니다. 당신이 스스로 부족하다고 느낄 때 염려하지 마십시오.

　　　그것은 주님의 일을 성취하는 데 있어서 우선적으로 필요되는 사
　　역자의 자세(prerequisit)입니다. 결국 가장 중요한 것은 여러분의

하나님은 당신을 사용하시기를 원하십니다

> 예수님을 사랑하지 않으면서 섬기는 일은
> 좋아하지 않는 사람과 결혼해서
> 같이 사는 것과 같다.

마음 자세입니다.

여러분의 마음이 진정으로 하나님을 사랑하고 그 분의 뜻에 순종하기를 원하신다면 하나님은 당신을 사용하실 것입니다.

한때 죄에 깊이 빠져 살다가 결핵에 걸려 죽어가던 젊은이가 있었습니다. 어느 날 나이가 지긋한 신실한 주님의 종이 그를 찾아와 복음을 전하고, 어떻게 예수님이 그의 모든 죄를 사해 주셨다는 것과, 회개하고 모든 죄를 자백하고 예수님을 구주로 진정으로 영접하면 구원받고 영생을 얻는다는 것을 전해 주었습니다.

처음에 이 청년은 거부적인 태도를 보였는데, 그 이유는 '하나님께서 어떻게 자기와 같은 큰 죄인을 용서해 주실 수 있을까?'라는 의심 때문이었습니다. 그러나 성령의 역사로 그는 예수님을 구주로 영접하고 구원을 받았습니다. 그러자 마음에 기쁨과 말할 수 없는 평화를 느꼈습니다.

그로부터 며칠이 지난 후 이 늙은 하나님의 종이 다시 그를 찾아갔습니다. 그런데 그의 얼굴에서 기쁨이 사라지고 대신 슬픔과 고통으로 짓눌려 있는 것이었습니다.

"왜 그렇게 슬픈 기색을 띠고 있지요? 사탄이 그대를 엄습

하지 못하도록 해야 하네."
그러자 청년이 말했습니다.
"저는 저의 죄가 용서받은 사실을 알아요."
"그러면 그렇게 깊이 근심하는 이유가 무엇인가?"
그는 대답했습니다.
"이제 제 생명이 거의 다 되었습니다. 이제 제가 앞으로 살 수 있는 날이 며칠밖에 남지 않았습니다. 제가 주님 앞에 서게 될 때 무엇을 가지고 주님께 드릴 수 있겠습니까? 제 손에는 아무것도 없고 빈 손뿐입니다. 제가 이렇게 빈 손으로 주님을 뵙게 된다면 얼마나 슬픈 일일까요?"
이것이 그가 수심에 찬 이유였습니다. 그러자 전도자는 청년을 다음과 같이 말하며 위로했습니다.
"형제여, 낙심하지 말게. 내가 방금 자네가 한 말을 이용해서 찬송시를 짓겠네. 그래서 누구든이 이 찬송 가사에 은혜를 받는 사람은 생명이 있는 동안에 열심히 복음을 전하고 영혼을 구하겠지. 그러면 그것이 바로 그대의 상급이 될 것일세."
그리하여 이 청년의 가사에 찰스 루터가 곡을 붙여서 지금까지도 우리 모두가 애창하는 찬송이 탄생되었습니다.

"내가 빈손으로 서리이까 빈손으로 주님을 만나리이까."

하나님은 당신을 사용하시기를 원하십니다

> 우리의 가진 생명의 날은 한정되어
> 신속히 지나가고 없어져 버린다.
> 그러나 우리가 주님을 위해 전도하는 것은
> 절대로 쇠하지 아니하고
> 영원히 남게 될 것이다.

그때로부터 많은 성도들이 이 찬송 가사에 은혜를 받고 매우 충성을 다하여 주님을 섬기게 되었습니다. 비록 이 젊은 청년은 많은 날들을 헛되이 허비했지만, 자기 최후의 얼마 남지 않은 몇 날 짧은 기간 동안이라도 그 마음에 주님을 섬기고자 하는 소원을 품었을 때, 주님은 그 소원을 이루어 주셨습니다.

오, 한 영혼을 그리스도께로 인도하는 것은 얼마나 소중한 일인지요! 무디는 말했습니다.

"한 천사가 날개를 흔들고 이 땅에서 천국으로 날아가 하나님께 고하기를, 저기 세상에 한 가난하고 누더기를 입은 소년이 아빠도 없고 엄마도 없이 혼자 살고 있는데, 아무도 그를 돌봐줄 사람이 없고 또한 생명의 길을 가르쳐 줄 사람도 없습니다. 이에 하나님께서 천사들에게, 누가 세상에 내려가서 그 어린 영혼을 그리스도께 인도하겠느냐고 물어보셨습니다. 그러자 천국의 모든 천사들이 모두 다 동시에 그 일을 자원하였습니다."

그러나 하나님께서는 이 특권을 천사들에게 주지 않으셨습니다. 바로 우리에게 주셨습니다. 어쩌면 이 책을 읽는 당신이 믿은 지 얼마 안 된 새신자여서, '과연 내가 전도할 수 있을까?' 하고

우리 선생님은 참 재미있어요

염려하는 사람도 있을 것입니다.
 그러나 여러분, 당신이 진정 주님을 섬기기까지 여러 해를 기다리지 마시기 바랍니다. 당신은 오늘, 바로 지금 주님을 섬길 수 있고 어린 영혼들을 그리스도께로 인도할 수 있습니다.
 당신은 가정 주부로서 어린이들에게 예수님의 사랑을 전해줄 시간을 마련할 수 있습니다. 여러분의 집에 작은 파티를 준비하여 어린들을 초청하십시오. 그리고 그리스도께서 당신에게 베풀어 주신 구원과 크신 사랑에 대한 간증을 나누십시오. 어린이들도 개인적인 간증을 듣기를 무척 좋아합니다.
 혹은 이 책을 읽으시는 분이 나이가 연로하셔서, 젊었을 때 허송 세월한 것을 생각하고 가슴 아파하시는 분도 계실 것입니다. 그러나 결코 낙심하지 마십시오. 하나님은 말씀하십니다.
 "내가 전에 너희에게 보낸 큰 군대, 곧 메뚜기와 늣과 황충과 팟종이의 먹은 햇수대로 너희에게 갚아 주리니"(욜 2 : 25).

 80세 된 할머니께서 제게 편지를 주셨습니다. 그녀는 성경 통신 교재를 통해서 어린이들에게 전도를 했었고, 이것은 자신의 무료한 날들을 의미있게 만든 값진 섬김의 기회였다고 간증했습니다. 특히 그녀는 자신의 손자가 이 과정을 통해 구원받는 것을 보고, 자기의 죽기 전 최고의 소원이 이루어졌음을 인하여 잔이

하나님은 당신을 사용하시기를 원하십니다

넘치도록 감사를 드렸습니다.
 당신이 젊었든지 늙었든지 그것은 문제가 되지 않습니다. 단지 당신이 하고 있는 사역과 여러 가지 섬김의 활동들이 하나님의 관심을 벗어난 무의미한 것이 되게 하지 마십시오. 하나님께서 가장 관심을 가지시는 것이 무엇인지 곰곰이 생각해 보시고 바로 그 일에 헌신하시기 바랍니다.
 우리의 가진 생명의 날은 한정되어 있습니다. 그것은 신속히 지나가고 없어져 버립니다. 그러나 우리가 주님을 위해서 전도한 것은 절대로 쇠하지 아니하고 영원히 남게 될 것입니다.

 천국에 들어가서 우리 주님을 대면하여 뵙는 것은 커다란 기쁨이 될 것입니다. 그러나 나 혼자서만이 아니라, 많은 소중한 소년, 소녀들과 함께 우리 주님을 뵈옵는 것은 더할 나위 없는 몇 갑절 더 큰 기쁨이 될 것입니다!

> 내가 천국에 가서 아름다운 황금성에 들어갈 때, 성도들이 나를 둘러싸고 환영할 때에 그 중의 누군가가 내게 말해 주기를 원합니다.
> "여보게, 나를 이곳에 초청한 사람이 바로 자네일세!"
> — 코리텐 붐 —